Juri Abramotschkin

Dieses Buch wurde ermöglicht durch
die freundliche Unterstützung von:

Eastman Kodak Co.

PAN AM

Nikon

SONY

Intourist

David C. Turnley

Aus dem Englischen übertragen von Bruno von der Haar
Redaktion: Christine Westphal
Wissenschaftliche Beratung: Dr. Irina Böhm-Krjukow
Satz: R. Oldenbourg, Graphische Betriebe GmbH, München

Mitherausgeber: Ira Shapiro
Projektleiter: Rick Smolan und David Cohen
Art Director: Thomas K. Walker

Umschlagfotos: Larry C. Price (Vorderseite)
Dilip Mehta (Rückseite)
Druck und Bindearbeiten: Dai Nippon Printing Co., Ltd., Tokio

ISBN 3-88472-145-3

Printed in Japan

Ein Tag im Leben der Sowjetunion

Fotografiert von 100 der
führenden Fotojournalisten der Welt
an einem einzigen Tag, dem 15. Mai 1987

Christian Verlag

Alma-Ata, 6.30 Uhr: Eine Frau fegt die Treppenstufen an der Breschnew-Gedenkstätte.

Jean-Pierre Laffont

Leningrad, 7.15 Uhr: Kadetten der Nachimow-Marineakademie beim Dauerlauf entlang den Ufern der Newa.

David Hume Kennerly

Wladiwostok, 7.30 Uhr: Sonnenaufgang über der Bucht am Goldenen Horn.

Lew Scherstennikow

Nebel verhüllt die eisigen Wasser des Beringmeers am 15. Mai 1987, während Kinder am Strand darauf warten, daß ihre Väter von der Robbenjagd heimkehren. Jenseits des Dunstes, gut 100 Kilometer entfernt, liegt Amerika – die Aleuten. Weit, weit im Westen, in rund 10000 Kilometer Entfernung im sowjetischen Kaliningrad (dem früheren Königsberg in Ostpreußen) setzen sich Familien gerade zum Abendbrot nieder. Dort ist noch der Abend des 14. Mai. Und sie sind weniger weit von Amerika entfernt als von den Küsten des Beringmeers.

Diese Entfernungen sind allein schon atemberaubend. An demselben Tag im Mai pflanzen Frauen in der Karakum-Wüste bei Temperaturen nahe 40 °C Tomaten. Einen halben Kontinent weiter nördlich, hoch über dem Polarkreis, ist die Temperatur von winterlichen –60 °C gerade auf 0 °C geklettert. Der Sommer steht vor der Tür.

Die Sowjetunion ist ein Land der extremen Gegensätze. In der Zarenzeit war der Monarch Herrscher „aller Reußen". Wenn man in *Ein Tag im Leben der Sowjetunion* blättert, wird klar, was das bedeutete. Gab es je ein Reich von solch ethnischer, kultureller und geographischer Vielfalt? Selbst das Römische Imperium verblaßt dagegen.

Nach 40 Jahren, in denen ich das Land mit seinen endlosen Steppen, Tundren, Wäldern und Bergen bereiste, glaubte ich alles gesehen zu haben. Aber in 40 Minuten habe ich in diesem Buch mehr entdeckt als zuvor auf Abertausenden von Kilometern, die ich bei meinen Reportagen über Rußland zurücklegte.

Hier fand ich Orte, die kein Amerikaner (und nur wenige Russen) je gesehen haben – das Innere der Haftanstalt in Wladimir, die grauenvollen „Isolatoren" aus Alexandr Solschenizyns *Archipel Gulag*, politische Sondergefängnisse, in denen Männer und Frauen in gar nicht so ferner Vergangenheit bei Kälte, Dunkelheit und klammer Nässe jahrelang litten, bis der Tod sie erlöste. Die von dem amerikanischen Fotografen und Pulitzer-Preisträger Eddie Adams jetzt aufgenommenen Fotos gleichen eher Schnappschüssen von den dienstfreien Zeiten der Armee als Szenen aus Solschenizyns *Ein Tag im Leben des Iwan Denissowitsch*. Trotzdem sind sie bemerkenswert, weil bisher einmalig.

Ein Tag im Leben der Sowjetunion zeigt uns ein Rußland ohne Tränen, ein Rußland (fast) ohne den Mantel der Zensur. Zwar bleiben viele Teilbereiche unberücksichtigt, aber es ist ohnehin allein Michail Gorbatschows Politik der *Glasnost* zu verdanken, daß das Leben der Sowjetbürger überhaupt so unverfälscht gezeigt werden kann. Nahezu alle Aspekte der UdSSR sind hier eingefangen, Schlimmes ebenso wie Gutes.

Die reiche Vielfalt dieses Buches erstaunt sogar jemanden wie mich, der Rußland auf so viele Arten erlebt hat – zur Zeit der blindwütigen Barbarei der Nazi-Invasion im Zweiten Weltkrieg ebenso wie in den letzten Tagen des stalinistischen Terrors, während der turbulenten Reformen Chruschtschows und

der belebenden Ära Gorbatschows. Man sieht Bauern, die aus den Bildern Millets und Breughels, stammen könnten; Typen in Lederjacken, die geradewegs Anthony Burgess' *Uhrwerk Orange* entstiegen zu sein scheinen, nur daß sie das arktische Jakutsk bevölkern statt Swinging London; schwerelose Kosmonauten in der Weltraumstadt bei Moskau, die sich für das Leben im All angurten – zum ersten Mal fotografiert. Und ein Bild vom Kontrollzentrum eines Zwillingsbruders des Kernkraftwerks in Tschernobyl, dessen Notschalter, durch die der Reaktor im Störfall stillgelegt werden kann, mit Siegeln gesichert sind, die an die Zeit von Katharina der Großen erinnern.

Wir sehen das Rußland der Vergangenheit, der Gegenwart und der Zukunft. Wir betrachten eine junge Frau, die Anna Karenina sein könnte. Zwei von Tschechows *Drei Schwestern* sitzen geruhsam auf einer Parkbank; Kirchgänger beten im Kerzenschein in einer orthodoxen Kirche. Ein alter General, der noch 1812 gegen Napoleon gekämpft haben könnte, zeigt stolz seine ordengeschmückte Brust. Ein schüchterner Jüngling wandert von der Weihnachtsfeier im *Nußknacker* herein. Junge Ballettschülerinnen träumen davon, die Anna Pawlowa des Jahres 2001 zu werden.

Generalsekretär Michail Gorbatschow wird zusammen mit Außenminister Schewardnadse in einem flüchtigen Moment in seinem Kreml-Büro auf Film eingefangen. Anzeichen für *Glasnost* und ihre Nebenwirkungen sind auf fast jeder Seite erkennbar: private Händler auf dem Markt und – in sehr russischer Spielart – muskulöse Schlägertypen, die sich Ljuber nennen nach ihrer Hochburg, dem Moskauer Arbeitervorort Ljuberzy. (Er entstand um die vorrevolutionäre Fabrik der Chicagoer International Harvester Company herum.) Diese Muskelmänner sind so etwas wie Rocker – sie verprügeln Hippies, Punks, Heavy-Metal-Typen und erscheinen auf der Szene wie die „Hell's Angels".

Rußland – das sind die Menschen. Diese Menschen mögen eine Konsumgesellschaft nach westlichem Muster erstreben, aber in eigener Version: keine billige Kopie, bitte.

Vor 150 Jahren fragte Gogol in *Die toten Seelen:*

Rußland, rasest du nicht dahin wie eine feurige Troika ohnegleichen? Der Weg unter dir ist Rauch, die Brücken donnern, und alles läßt du weit hinter dir. Rußland, wohin fliegst du? ... Die Luft ist zerrissen und donnernd und wird zum Wind; alles auf der Erde fliegt vorbei, und mit neidischem Blick rücken andere Völker und Staaten zur Seite und machen Platz.

Die *Troikas* sind verschwunden, aber noch immer fragt sich die Welt, wohin Rußland rast. Gogols Worte sind die eines Dichters. Vielleicht können wir durch das bemerkenswerte Buch *Ein Tag im Leben der Sowjetunion* neue und bessere Hinweise darauf erhalten, wo Rußland angelangt ist, und eine Ahnung davon bekommen, welchen Weg es gehen wird.

Terry Ferrante

Ein Tag im Leben der SOWJETUNION

Sehr geehrter Herr Kollege,

ich bin ein freiberuflich tätiger amerikanischer Fotograf und habe während der letzten zehn Jahre Aufträge in aller Welt für Zeitschriften wie *Time, Fortune, The London Sunday Times, Newsweek, Stern* und *National Geographic* ausgeführt. Mit diesem Schreiben möchte ich Sie einladen, an einem Projekt mitzuarbeiten, das David Cohen und ich hier in Moskau organisieren.

Unser Plan ist folgender: Wir wollen 100 der besten Fotografen der Welt in alle Teile der Sowjetunion entsenden, und jeder soll innerhalb derselben 24 Stunden einen typischen Tag in der Sowjetunion auf Film bannen. Die Ergebnisse dieser Aktion werden zu einem Bildband mit dem Titel *Ein Tag im Leben der Sowjetunion* zusammengefaßt.

Während der letzten drei Jahre haben wir unzählige Gespräche und eine umfangreiche Korrespondenz mit sowjetischen Beamten in Moskau wie in Washington geführt, um für die führenden Fotografen der Welt eine Aufenthalts- und Arbeitserlaubnis in der Sowjetunion zu erhalten. Und jedesmal bekamen wir höfliche Absagen. Die Vorstellung, 100 Fotojournalisten in der Sowjetunion ausschwärmen zu lassen, erschien den Sowjets nicht akzeptabel. Im letzten Herbst jedoch, als *Ein Tag im Leben Amerikas* auf Platz 1 der Bestseller-Liste der *New York Times* rückte, erhielten wir einen Anruf von der Sowjetischen Botschaft, daß man bereit sei, ernsthaft über die Möglichkeiten für *Ein Tag im Leben der Sowjetunion* zu diskutieren.

Auf Grund von *Glasnost,* der neuen Politik der Offenheit des Generalsekretärs Gorbatschow, ist im letzten Jahr in der UdSSR ein ganz ungewöhnlicher Umwandlungsprozeß in Gang gekommen. Die westlichen Fotografen, die an *Ein Tag im Leben der Sowjetunion* mitarbeiten, werden in nie gekanntem Ausmaß bisher für tabu erklärte Themen aufgreifen und Sperrgebiete besuchen können. Trotzdem wird die Arbeit an diesem Buch einem Seiltanz gleichen. Man wird erwarten, daß *Ein Tag im Leben der Sowjetunion* entweder zu einem beschönigenden Weißbuch gerät, das nur die guten Aspekte des Landes zeigt, oder zu einer Schmähschrift gegen die Sowjets. Wenn unser Vorhaben aber gelingt, wird es keiner der beiden Kategorien angehören. Ebenso wie die anderen Bücher der Reihe *Ein Tag im Leben...* soll der Band über die Sowjetunion nur den Alltag der Menschen aufzeigen. Wenn Schlüsse zu ziehen sind, so sollen unsere Leser sie ziehen, die selbst entscheiden können, was diese Bilder über das sowjetische Volk aussagen.

Ein Tag im Leben der Sowjetunion soll vor allem ein herausragendes fotografisches Dokument darstellen, das einige Fragen über die Sowjetunion beantwortet und vielleicht einige Fragen stellt. Das Projekt gibt darüber hinaus einer Gruppe fähiger Fotografen die Gelegenheit zur Zusammenarbeit an einem Gemeinschaftsprojekt und bietet Ihnen wie den anderen Fotojournalisten die Möglichkeit, an dem kollegialen Miteinander teilzuhaben, das die vorausgegangenen *Ein-Tag-im-Leben-Projekte* charakterisierte.

Anders als unsere früheren Bücher muß *Ein Tag im Leben der Sowjetunion* jedoch ein Gebiet erfassen, das fünfmal so groß ist wie die Vereinigten Staaten und das 15 Republiken mit jeweils eigenständiger Kultur, eigener Sprache und eigenen Gebräuchen umfaßt. An einem einzigen Tag ein in sich geschlossenes Buch zu schaffen, welches das Leben dieses so heterogenen Volkes tatsächlich widerspiegelt, ist wohl ein nahezu aussichtsloses Unterfangen.

Am Sonntag, dem 10. Mai 1987, werden Sie und Ihre Kollegen aus 20 Ländern in Moskau eintreffen. Am Freitag, dem 15. Mai 1987, wird jeder von Ihnen einen bestimmten Aspekt des

Lebens in der Sowjetunion fotografieren. Im ganzen Land werden 100 Fotografen im Wettlauf mit der Zeit arbeiten, um dieses zuvor im Bild kaum darstellbare Land während eines einzigen Tages fotografisch festzuhalten. Jedem von Ihnen wird eine bestimmte Aufgabe gestellt, aber es steht Ihnen ebenso frei, Schnappschüsse von allem aufzunehmen, was Sie im Laufe des Tages zufällig entdecken. Die zugeteilte Aufgabe soll lediglich als Ausgangspunkt dienen.

Nun ist es aber keineswegs unsere Absicht, endgültige Aussagen über die Sowjetunion zu treffen oder das ganze Land an einem einzigen Tag umfassend abzuhandeln. Vielmehr fordern wir Sie auf, Ihre Fähigkeiten für eine der schwierigsten Aufgaben des Fotojournalismus einzusetzen: von gewöhnlichen, alltäglichen Ereignissen außergewöhnliche Fotos zu machen.

Zwar wird dieses Projekt ermöglicht durch Kodak, Pan American, Nikon, Sony und Intourist, doch sind alle Träger des Projekts sich darüber im klaren, daß Sie Journalist sind und daß Sie daher keinerlei redaktionellen Einfluß darauf haben, was Sie fotografieren und welche Bilder für das Buch ausgewählt werden. Jeder von Ihnen wird von einem Führer begleitet, aber dieser ist angewiesen, Ihnen völlig freie Hand zu lassen. Wir wollen, daß *Ein Tag im Leben der Sowjetunion* einen unverfälschten Einblick in die Sowjetunion der 80er Jahre gewährt und nicht Musterfarmen, Renommierfabriken und Modellfamilien zur Schau stellt. Dem gleichen Grundsatz folgend, können wir auch nicht garantieren, daß jeder Fotograf mit einem Bild im Buch vertreten sein wird. Das hängt davon ab, ob Sie am 15. Mai einen guten Tag haben.

Im Moment arbeiten unsere Teams in Moskau, Madrid und New York fieberhaft daran, sämtliche Vorbereitungen zu koordinieren, damit alles reibungslos abläuft. Falls es Ihnen Spaß macht, unsere verrückte Idee in die Tat umzusetzen, beachten Sie bitte die nachstehenden Informationen und die Hinweise zu Angaben, die wir umgehend von Ihnen benötigen:

1) **Biographie:** Seien Sie nicht zu bescheiden. Wir brauchen so viele Daten wie möglich über Ihre Laufbahn als Fotograf – Auszeichnungen, Ausstellungen, Publikationen usw.
2) **Film:** Kodak stellt Ihnen 50 Filme zur Verfügung.
3) **Anreise:** Sie erhalten ein Ticket der Pan Am für den Flug nach Moskau und zurück.
4) **Beförderung im Inland:** Tickets für Flüge mit der Aeroflot werden Ihnen zur Verfügung gestellt; außerdem ein Assistent und Dolmetscher von Nowosti sowie ein Wagen mit Fahrer.
5) **Unterbringung:** Wenn Sie die Unterbringung im Intourist-Hotel in Anspruch nehmen, – was für Sie völlig kostenlos ist –, teilen Sie ein Doppelzimmer mit einem berühmten Kollegen.
6) **Vergütung:** Als Honorar für Ihre Arbeit können Sie wählen zwischen $ 500,– in bar oder einer Sony 8-mm-Handycam-Videokamera. Außerdem erhalten Sie eine Nikon auto-focus 20/20 Kamera mit 35-70-mm-Zoomlinse.

Es steht außer Frage, daß dies das ehrgeizigste Vorhaben ist, das wir bisher unternommen haben. Die organisatorischen Voraussetzungen sind fast entmutigend, und wir sind uns bewußt, wie störanfällig das Projekt ist. Ein internationaler Zwischenfall könnte alles in Frage stellen. Da wir in bisher nicht gekanntem Ausmaß Zugang zu Land und Leuten erhalten, wird das Interesse an diesem Unternehmen gewaltig sein. Wir sind nicht sicher, ob sich der Erfolg unserer ersten Bücher mit einem Bildband über ein Land wiederholen läßt, das nie in dem Ruf stand, sich Fotografen zu öffnen. Gerade darum brauchen wir Leute Ihres Formats und mit Ihren Erfahrungen.

Wir hoffen, daß Sie uns Ihr Können zur Verfügung stellen, und sind überzeugt, daß Sie von der Sowjetunion ebenso fasziniert sein werden wie wir.

Mit besten Grüßen

Rick Smolan

Rick Smolan 1. März 1987

Jay Dickman

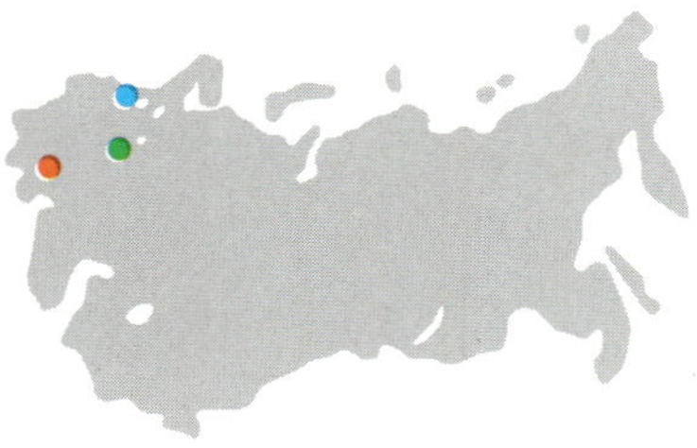

• *Vorangehende Doppelseite*

Marija Gerasimenko hütet ihre Gänse auf dem Gestüt Druschba (Freundschaft) in Poltawa in der Ukraine. Nach Erreichen des Rentenalters hat Frau Gerasimenko ihre Arbeit auf den Feldern der Kolchose aufgegeben und kann jetzt Eier und Fleisch ihres Geflügels privat mit kleinem Gewinn verkaufen. Auf Ukrainisch werden Hühner und Enten lockend mit „Zyp, Zyp, Zyp" gerufen, während Gänse auf „Tega, Tega" reagieren.

Fotograf:
Jay Dickman, USA

• *Oben*

Eine alte Frau wässert die Pflanzen in der Eingangshalle der Nachimow-Marineakademie in Leningrad.

Fotograf:
David Hume Kennerly, USA

• *Rechts*

Eine Pflegerin hält Lenins letzte Ruhestätte makellos sauber, während eine Ehrenwache des KGB Wacht hält. Die Bedeutung Lenins als Symbol wird erkennbar an dem Kult, mit dem seine sterblichen Überreste verehrt werden.

Zu Lenins Grab pilgern alljährlich Millionen Besucher. Sie stellen sich in Zweierreihen auf und umschreiten feierlich den gläsernen Sarkophag des sowjetischen Gründungsvaters, um dann dem Ausgang zuzustreben und dem Pantheon der Sowjetführer, die entlang der Rückwand des Kreml bestattet sind, ihre Ehrerbietung zu erweisen.

Fotograf:
Larry C. Price, USA

ЕНИ

8.00 Uhr

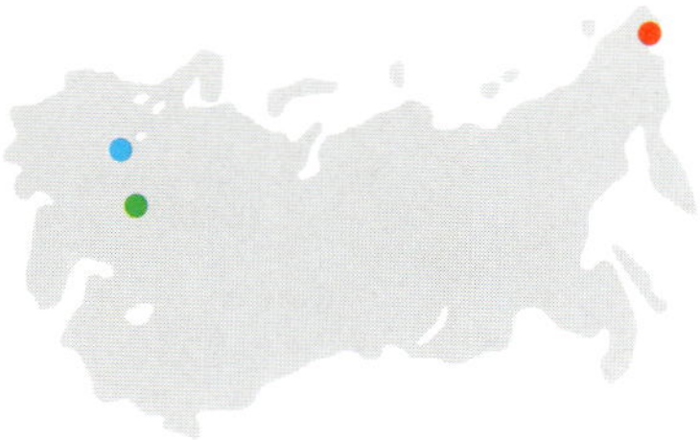

• *Links*

Eine sowjetische Grenzwache prüft die Papiere eines Eskimo-Jägers. Für die Ureinwohner des Fernen Ostens haben sich die Zeiten geändert. Ihre traditionellen Jagdgründe im Beringmeer sind zu einem militärisch hochsensitiven, stark patrouillierten Grenzgebiet zwischen den Vereinigten Staaten und der Sowjetunion geworden. Und die Jäger selbst gehen jetzt mit feuerstarken Gewehren und japanischen Außenbordmotoren auf Robbenjagd.
Fotograf:
Wladimir Wjatkin, UdSSR

• *Oben*

Kadetten der Suworow-Militärakademie in Moskau putzen ihre Zähne um 7.15 Uhr, um dann um 7.38 Uhr ihre Betten zu machen; nach dem Appell um 7.45 Uhr beschließen sie mit dem Frühstück um 7.50 Uhr ihr frühmorgendliches Programm.
Fotograf:
Rick Smolan, USA

• *Nächste Doppelseite*

Ein Morgen auf der Kolchose: In einer Szene wie aus einem Gemälde von Breughel genießt eine Gruppe von *Traktoristy* (Traktorfahrern) ein spätes Frühstück auf dem Feld nach einem arbeitsreichen Morgen nahe Kasan in Zentralrußland. Eine Kolchose hat durchschnittlich etwa 6000 Hektar, so daß die meisten Arbeiter weite Entfernungen zwischen Wohnung und Arbeitsstätte zurücklegen müssen.
Fotograf:
Bernd-Horst Sefzik, DDR

Bernd-Horst Sefzik

• *Links*

Eine Familie setzt sich an den Frühstückstisch in ihrer Wohnung im fernöstlichen Chabarowsk. Die meisten sowjetischen Arbeitsstätten haben eine *Stolowaja* (Kantine), aber Frühstück und Abendessen nehmen die Sowjetbürger lieber zu Hause ein.
Fotograf:
Dilip Mehta, Kanada

Links

Omar Mamulaschwili (75) und seine Frau Nadsi (69) im Kreise ihrer Familie bei einem reichhaltigen Frühstück in dem georgischen Dorf Dzalisi bei Tiflis (Tbilissi). Die Tafel umfaßt lokale Spezialitäten, wie *Chatschapuri* (mit Ziegenkäse gebackenes Brot), Schaschlik (marinierten Lammfleischspieß), *Tchemali* (saures Pflaumenmus) und *Lobio* (Bohnensalat), sowie die unvermeidliche Gurke.

Die für ihre Gastfreundschaft bekannten Georgier feiern gern und häufig. Der Wunsch, das Familienleben der Landbewohner in Georgien festzuhalten, kostete die amerikanische Fotografin Stephanie Maze viele Stunden bei aufwendigen Banketts, die ihr zu Ehren veranstaltet wurden (und brachte ihr mehrere Pfund Gewichtszunahme ein).
Fotografin:
Stephanie Maze, USA

Oben

Nach einem kräftigen Frühstück, bestehend aus gekochtem Karpfen mit Sauerrahm und *Kumys* (gegorener Stutenmilch), machte sich der Fotograf Jay Dickman in Poltawa (Ukraine) auf die Suche nach geeigneten Fotoobjekten. Dabei sah er dieses junge Mädchen mit dem roten Halstuch der Jungen Pioniere, das an der Hand seiner Mutter in die Schule ging.
Fotograf:
Jay Dickman, USA

ДОМ

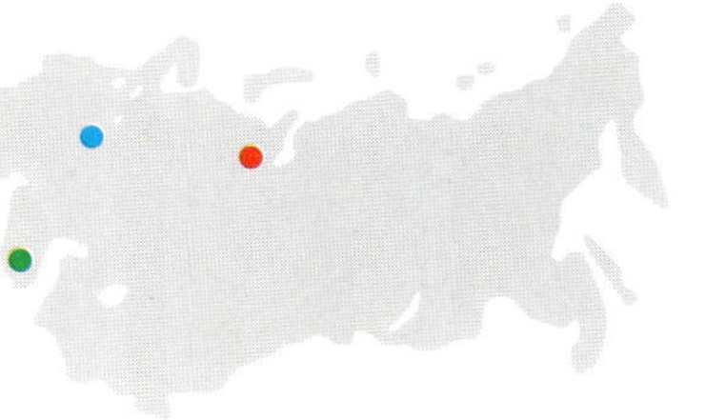

● *Links oben*

Dem Volk der Komi (Syrjänen) im hohen Norden dienten seit jeher Rentiere als Nahrungslieferanten und als Transportmittel. Zwar wurden die Herden in den dreißiger Jahren durch den Versuch der Sowjets, Rentierkolchosen aufzubauen, dezimiert, doch haben sie sich inzwischen wieder auf etwa 1,5 Millionen Stück vermehrt. Die Komi dürfen heute in der ganzen Tundra mit ihren Herden umherziehen, doch liegen Verarbeitung und Vertrieb des Rentierfleisches noch immer in staatlicher Hand.
Fotograf:
Sergej Samochin, UdSSR

● *Links*

Ruhig beginnt der Tag, während eine *Elektritschka* von Sagorsk nach Moskau hineinrast. So heißt die S-Bahn, die die Vororte mit der Hauptstadt verbindet, weil sie elektrifiziert ist; sie gehört der arbeitenden Klasse. Hochrangige Bürokraten fahren lieber mit ihren Privatautos, die ihr Privileg sind – entweder selbst am Steuer oder mit Fahrer.
Fotograf:
Iwan Sirota, UdSSR

● *Oben*

Eine *Babuschka*-Brigade macht sich in den Straßen von Tiflis (Tbilissi) in Georgien an die Arbeit. In einer Gesellschaft mit Frauenüberschuß – vor allem in der älteren Generation mit ihren Verlusten durch den Zweiten Weltkrieg – spielen Frauen als Arbeitskräfte eine vorrangige Rolle. Mehr als 80 Prozent von ihnen sind berufstätig, und Frauen im Straßenbau, bei der Gebäuderenovierung, im Rangierbahnhof oder bei anderen körperlich schweren Arbeiten sind durchaus kein ungewöhnlicher Anblick.
Fotografin:
Stephanie Maze, USA

Oben

Vor dem Jaroslawl-Bahnhof in Moskau.
Fotograf:
Paul Chesley, USA

Rechts

In einer Szene, wie sie sich in Hunderten sowjetischer Bahnhöfe in jedem Frühling und Herbst abspielt, verabschieden Familien in Kaliningrad (dem ehemaligen Königsberg) ihre Söhne, die zum Militär gehen. Es ist ein alter russischer Brauch, die Abreise zum Militärdienst mit einem abendlichen Trinkgelage zu feiern, und auf dem Land nimmt oft die ganze Dorfgemeinschaft daran teil. Wie 80 Prozent aller sowjetischen Achtzehnjährigen werden diese kahlgeschorenen *Prizywniki* (Wehrdienstpflichtigen) einem strapaziösen zweijährigen Ausbildungsprogramm mit wenig Heimaturlaub und geringem Sold unterzogen. Auf Grund der vom Staat verfolgten Politik, in jeder Einheit Soldaten verschiedener Nationalitäten zusammenzuziehen, können diese jungen Rekruten aus der westlichsten Stadt der Sowjetunion unter Umständen im fernen Wladiwostok am Japanischen Meer stationiert werden, fast 10000 Kilometer von zu Hause entfernt.
Fotograf:
Jan Tichonow, UdSSR

• *Links*

Eine Säuglingsschwester rollt die Neugeborenen von der Entbindungsstation des Notkrankenhauses in Saratow – an der unteren Wolga gelegen – herein. Über 14 700 sowjetische Babys kommen jeden Tag zur Welt, als Weißrussen, Burjäten, Baschkiren, Tschuktschen, Tschetschenen, Tschuwaschen, Kasachen, Koreaner, Kalmüken, Tataren, Tadschiken, Tuwaner, Ukrainer, Usbeken, Udmurten und natürlich als Russen – um nur einige der über 100 Volksstämme zu nennen.
Fotograf:
Wladimir Lagranz, UdSSR

• *Oben*

Fladenbrote in Astrachan am Wolga-Delta: Die Sowjetunion produzierte 1985 191 674 000 Tonnen Korn, das zu *Tschiorni Chleb, Bulotschki, Rschanoi Chleb, Kulitschi, Mtschadi, Non, Kalatsch, Lawasch, Chatschapuri, Lekah, Agnautka, Polyanidsa, Ukrainka, Balabuschki, Korz* und zahlreichen anderen regionalen Varianten des Hauptnahrungsmittels Brot verbacken wurde.
Fotograf:
Claus C. Meyer, Bundesrepublik Deutschland

Oben

Er ist 73 Jahre alt und Veteran des Großen Vaterländischen Krieges, des Zweiten Weltkrieges, stolz auf seine gute körperliche Verfassung und auf seine Leistung bei der Verteidigung des Heimatlandes. Das Schwimmbad befindet sich in einem neuen Veteranenkrankenhaus in einem Vorort von Kiew. An Pflegeheimen für die Älteren ist in der Sowjetunion kaum Bedarf, weil die meisten älteren Menschen von ihren Familien versorgt werden. Staatliche Fürsorge in Heimen wird jedoch allen bedürftigen ehemaligen Kriegsteilnehmern zuteil, die in der sowjetischen Gesellschaft besondere Verehrung genießen.
Fotografin:
Mary Ellen Mark, USA

Rechts

Hier geht es an einer Straßenecke in Odessa am Schwarzen Meer um gewichtige Fragen. Wen Zuschauer nicht stören, der kann sein Gewicht überall in der Sowjetunion für ein paar Kopeken auf öffentlichen Waagen kontrollieren. Die Männer an den Geräten sind häufig Rentner, die ihre staatliche Pension ein wenig aufbessern. Doch auch Garderobefrauen, Türwächter und andere Angehörige des Dienstleistungsgewerbes verdienen sich auf diese Weise ein kleines Zubrot.
Fotograf:
Andy Levin, USA

• *Oben*

Chawa Soltachanowa bringt vom „Arbeitsunterricht" im Dorf Tschetschen-Aul bei Grosny im Nordkaukasus ein Bündel Frühjahrszwiebeln mit. Während ihrer Schulausbildung erlernen alle auf dem Lande lebenden Schüler der 9. und 10. Klasse auch die Arbeiten auf dem Bauernhof. Der Lehrplan umfaßt alles, vom Melken der Kühe bis zum Reparieren von Mähdreschern.
Fotograf:
Gerrit Fokkema, Australien

• *Rechts*

Beim Sportunterricht in Woronesch: Ein Mädchen sucht sich sein Opfer beim *Gorelki* aus, einem Fangspiel. Andere russische Kinderspiele sind *Loschadi i Wsadniki* (Pferde und Reiter) und *Kasaki-Rasbojniki* (Kosaken und Räuber).
Fotograf:
Rudolf Frey, Österreich

• *Nächste Doppelseite*

Unter den Fahnen der UdSSR und der Sowjetrepublik Weißrußland beginnen diese Schulkinder in Minsk den Tag mit Morgengymnastik.
Fotograf:
Juri Iwanow, UdSSR

Juri Iwanow

• *Unten*

Vorschulkinder im Kindergarten Nr. 188 im fernöstlichen Chabarowsk proben unter den wachsamen Augen von „Onkel Lenin" für eine Aufführung. Vom ersten Schuljahr an wird den sowjetischen Kindern die Verehrung für den Gründer der Nation eingeimpft, so wie es in einem Kinderlied heißt: „Lenins Leben ist ein Beispiel für alle Menschen." Überall in der Sowjetunion werden Lenins Worte bei jeder nur denkbaren Gelegenheit zitiert. Je nach Anlaß erlebt sein Bild jedoch zahlreiche subtile Wandlungen. Hier lächelt ein onkelhafter Lenin mit erzieherisch angemessenem Wohlwollen, während auf fast jedem öffentlichen Platz in der Sowjetunion sein bronzenes Ebenbild Strenge und ewige Wachsamkeit ausstrahlt.
Fotograf:
Dilip Mehta, Kanada

• *Unten rechts*

Gerichtsordnung: Der Vorsitzende W. I. Terebilow und die Richter des Obersten Gerichtshofes der Sowjetunion präsentieren sich in würdiger Runde dem amerikanischen Porträtfotografen Neal Slavin für seine Aufnahme. Anders als ihre amerikanischen Kollegen fällen die Richter der höchsten Rechtsinstanz der UdSSR keine Grundsatzurteile, sondern reichen Präzedenzfälle mit „Erläuterungen", wie die sowjetischen Gesetze auszulegen sind, an untere Instanzen weiter.
Fotograf:
Neal Slavin, USA

Oben

Noch immer dabei: Die Volkstanzgruppe Bermucha (Alte Eiche) bei einem traditionellen georgischen Regentanz am Strand von Batumi. Natürlich weiß niemand, ob solche Tänze auch die gewünschte Wirkung zeitigen, aber dieser Badeort am Schwarzen Meer hat in der Tat die höchste jährliche Niederschlagsmenge und die üppigste Vegetation der ganzen Sowjetunion. Das jüngste Mitglied der Bermucha-Gruppe ist muntere 80 Jahre alt.
Fotograf:
Corneliu Mocanu, Rumänien

Rechts

Morgendliche Fitnessübung in einem Park in Baku am Kaspischen Meer.
Fotograf:
George Steinmetz, USA

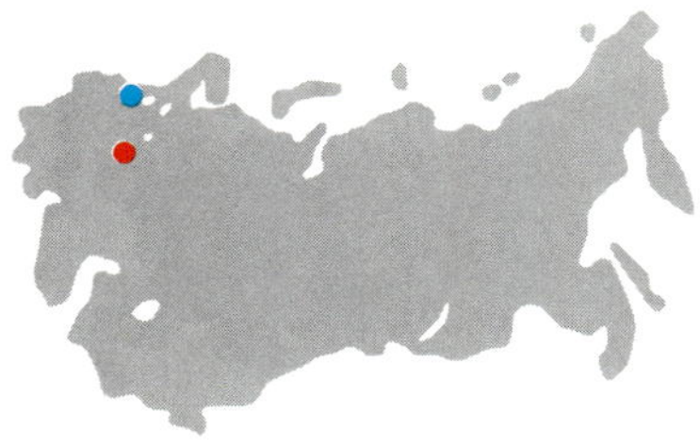

Für die Kadetten der Suworow-Militärakademie in Moskau und der Nachimow-Marineakademie in Leningrad beginnt der Aufstieg zum Kommandeur mit 15 Jahren. Geschult im Umgang mit Schußwaffen und strenger militärischer Disziplin unterworfen, lernen die hier gezeigten jungen Männer schnell, sich als zukünftige Offiziere der Sowjetischen Streitkräfte zu verstehen.

Bei ihrer Ankunft in der Akademie haben die Kadetten acht Jahre Volksschule hinter sich. Während der nächsten zwei Jahre werden sie neben ihrer militärischen Ausbildung auch in den üblichen Fächern der höheren Schule unterrichtet. Nach dem Abschluß erhalten sie das gleiche *Attestat Srelosti* (Reifezeugnis) ausgestellt wie jeder Absolvent einer sowjetischen höheren Schule.

Ein Absolvent von Suworow oder Nachimow steht auf den Sprossen einer der wenigen steilen sowjetrussischen Karriereleitern. Mit seiner Spezialausbildung hat er eine gute Chance, von einer der 140 Militärhochschulen der UdSSR aufgenommen zu werden, zu denen auch die hochangesehene Frunse-Akademie zählt, deren Studenten zu über 30 Prozent Absolventen der Suworow-Akademie sind. Viele von ihnen werden im Alter von 30 Jahren Regimentskommandeure sein.

Beide Akademien wurden während des Zweiten Weltkriegs gegründet und waren ursprünglich als Ausbildungsstätten für Kriegswaisen und die Kinder

• *Oben*

Morgengymnastik in der Militärakademie *Suworowskoje Utschilischtsche* in Moskau.
Fotograf:
Rick Smolan, USA

• *Rechts*

Morgendliches Exerzieren in der Nachimow-Marineakademie in Leningrad.
Fotograf:
David Hume Kennerly, USA

МОВСКОЕ УЧИЛИЩ

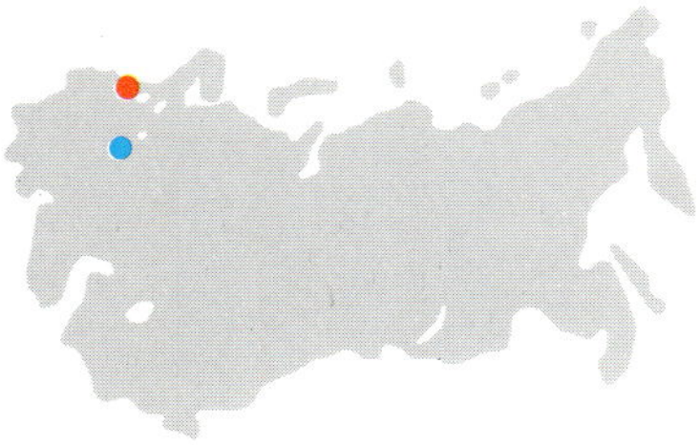

von Kriegsteilnehmern gedacht. Der Besuch wird von einer Aufnahmeprüfung abhängig gemacht, doch besteht nach wie vor traditionell die Tendenz, Offizierssöhnen den Vorzug zu geben.

Die Atmosphäre in der Nachimow-Akademie überraschte den amerikanischen Fotografen David Hume Kennerly: „Warum ist ausländischen Journalisten der Zutritt zu diesen Militärschulen verboten? Es gab hier nichts, was schockierend oder peinlich gewesen wäre – wie in jeder Militärschule der Welt werden die Jungen in soldatischen Fähigkeiten und daneben in den normalen Fächern ausgebildet ... Einerseits erhielten wir die Chance, etwas zu sehen und zu fotografieren, was noch niemand je zuvor gesehen hatte – und andererseits konnte man sich nicht vorstellen, warum Journalisten überhaupt jemals von hier ferngehalten worden waren.“

Oben

Eine alte Tradition in Nachimow: Nina Zarowa überreicht dem Kadetten Andrej Filuntejew eine Geburtstagstorte mit seemännischem Motiv. Wenige Augenblicke später bereitete die Bäckerin der Akademie dem Fotografen David Hume Kennerly ein ähnliches Vergnügen zur Erinnerung an seinen Besuch.
Fotograf:
David Hume Kennerly, USA

Rechts

In der Suworow-Militärakademie in Moskau: Dieser Kadett wird es schon schaffen – mit ein wenig freundschaftlicher Hilfe.
Fotograf:
Rick Smolan, USA

● *Rechts*

Navigationsunterricht. Zusätzlich zur militärischen Ausbildung müssen die Kadetten die gleichen Kurse absolvieren wie jeder andere sowjetische Oberschüler. Diese *Nachimowzy* kennen Puschkin und Shakespeare, beherrschen eine Fremdsprache und sind kundig in Geschichte, Astronomie und dem Marxismus-Leninismus.
Fotograf:
David Hume Kennerly, USA

Wladimir Lagranz

Dilip Mehta

Frank Johnston

Vorangehende Seiten 44/45

·beiter asphaltieren eine
raße in der fruchtbaren
‚chwarzerde"-Region Zentral-
ßlands in der Nähe von Sara-
w. Diese Szene unterscheidet
:h sehr von derjenigen, die
r Schriftsteller Tschechow be-
hrieb, der 1890 in einer unge-
derten Karosse durch Ruß-
ıd rumpelte: „Nie zuvor im
ben habe ich eine solche
raße gesehen, solch schreck-
hen Schlamm und einen so
rchterlichen, verkommenen
raßenbelag." Heute können
e Sowjets stolz auf Millionen
lometer befestigter Straßen
sen, obwohl riesige Gebiete
s Landes, besonders in Sibi-
n, nach wie vor während des
uwetters im Frühjahr unpas-
rbar sind.
otograf:
adimir Lagranz, UdSSR

• *Vorangehende Seiten 46/47*

Beim morgendlichen Spaziergang in einem Park im fernöstlichen Chabarowsk kommt man auch an dem allgegenwärtigen Symbol der Sowjetunion vorbei. Hammer und Sichel flattern auf jeder Fahne, sind auf jede Münze geprägt und starren einem aus jedem Winkel des Lebens in der Sowjetunion entgegen.
Fotograf:
Dilip Mehta, Kanada

• *Vorangehende Doppelseite*

Reisende mit Augen noch voller Müdigkeit treffen nach langer Nachtfahrt im *Wostok*-(Ost-) Zug von Chabarowsk auf dem Tichookeanskaja-(Pazifik-) Bahnhof in Nachodka ein. Der Fotograf Frank Johnston von der *Washington Post* reiste zwei Tage per Flugzeug und Bahn quer durch die ganze Sowjetunion, um dieses Foto aufzunehmen. Nach seiner Ankunft in Nachodka stellte er fest, daß er rund 9500 Kilometer von Moskau entfernt war, aber nur 1050 Kilometer von Tokio.
Fotograf:
Frank Johnston, USA

• *Links*

Am Rande des Fergana-Tals in den Bergen Kirgisiens jagen der 61jährige Turdy Adjew und sein weißer Hühnerhabicht das Kleinwild des Frühjahrs. Im Winter gehen Adjew und seine Kollegen mit Goldadlern auf Wolfsjagd. Das Jagen mit Raubvögeln ist ein alter und hochgeachteter Sport in Zentralasien, in Südsibirien und der Mongolei, und nimmt in den überlieferten Sagen und Volksbräuchen der Region einen besonderen Rang ein.
Fotograf:
Frans Lanting, Niederlande

• *Oben*

Ein qualmender Samowar erwartet die Familie Umetalijew, die bald mit den Vorbereitungen für ein festliches Mittagsmahl beginnen wird. Obwohl es seit Jahren elektrische Samoware gibt, verwenden viele sowjetische Familien bei besonderen Anlässen immer noch gern die traditionellen, mit Holzkohle betriebenen Modelle.
Fotograf:
Dimitri Baltermanz, UdSSR

James Balog

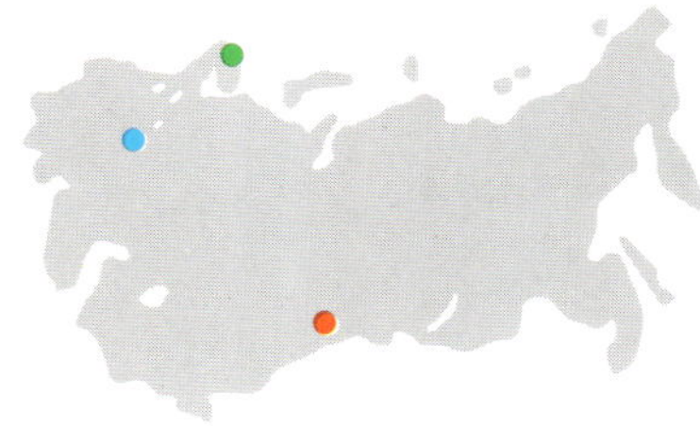

● *Vorangehende Doppelseite*

Die Morgensonne leuchtet im Laub der Birken in den Vorbergen des Altai-Gebirges, weniger als 500 Kilometer von der chinesischen Grenze entfernt. Über 50 verschiedene Birkenarten sind in der Sowjetunion heimisch, darum ist die Birke für die Russen ein nationales Symbol, das in vielen ihrer Legenden und Volkssagen eine große Rolle spielt.
Fotograf:
James Balog, USA

● *Links*

Generalmajor Iwan Fomenkow, Kommandeur der Suworow-Militärakademie in Moskau, wartet in seinem geräumigen Büro auf eine Telefonverbindung. Telefone mit Vielfachleitungen sind in der Sowjetunion selten, daher bieten sechs oder mehr Telefone auf einem Schreibtisch keinen ungewöhnlichen Anblick. Tatsächlich läßt sich der Status eines sowjetischen Beamten oft an der Zahl seiner Telefone ablesen.
Fotograf:
Rick Smolan, USA

● *Oben*

Swetlana Romanjutina und Anja Grumowa, Buchhalterinnen im Fischereizentrum von Murmansk, unterhalten sich über die Hochzeit einer Freundin. In den meisten sowjetischen Büros fehlen Computer-Terminals, Fotokopierer und sonstige elektronische Errungenschaften, ohne die der durchschnittliche amerikanische Arbeitsplatz zusammenbrechen würde. Als der polnische Fotograf Jan Morek dieses Büro am 14. Mai erkundete, freute er sich: Hier wurden noch uralte Abakus verwendet; aber am 15. Mai, als er zurückkam, um zu fotografieren, waren sie alle durch neue Addiermaschinen ersetzt worden.
Fotograf:
Jan Morek, Polen

• *Oben*

Tausende automatisierter Spulen mit Baumwollgarn summen in einer Weberei in Duschanbe, der Hauptstadt der zentralasiatischen Republik Tadschikistan.
Fotograf:
Jim Richardson, USA

• *Rechts*

Im Feintuchkombinat Minsk bringen die Arbeiterinnen ihre Beschwerden an oberster Stelle vor. Der Kombinatsdirektor Viktor Arbusow und Chefingenieur Jakow Wischnewski hören zu, geben Erklärungen und machen sich Notizen. Diese Art von unplanmäßiger Versammlung heißt *Letutschka*.

Seit Generalsekretär Gorbatschow an der Macht ist, sind die Direktoren und Manager gehalten, den Kontakt mit den Arbeitern zu verstärken. Wenn auf die Klagen der Arbeiter hin nichts geschieht, kann eine ministerielle Untersuchung die Folge sein. Die Arbeiter können ihre Kritik auch in der Zeitung veröffentlichen.
Fotograf:
Juri Iwanow, UdSSR

• *Unten*

In Turkmenistan, der südlichsten Republik der UdSSR, pflanzen turkmenische Frauen, verhüllt gegen die Wüstenhitze von fast 40 °C, von Hand Tomaten an. Die Republik umfaßt eine Wüste in der Größe Kaliforniens mit Namen Karakum (schwarzer Sand). Die landwirtschaftliche Bebauung ermöglicht der 775 Kilometer lange Karakum-Bewässerungskanal.
Fotograf:
Sebastiao Salgado, Brasilien

10.45 Uhr

• *Links und unten*

Ein Jahr nach der Katastrophe von Tschernobyl hält die Sowjetunion, eines der erdölreichsten Länder der Welt, weiter an der Kernenergie fest. Die 50 Kernkraftwerke der UdSSR liefern heute nur 11 Prozent der Elektrizität, doch sind weitere elf Reaktoren im Bau.

Am 15. Mai wurde der österreichische Fotograf Rudolf Frey zur Besichtigung eines Kernkraftwerks außerhalb von Woronesch eingeladen, das 1982 errichtet worden war. Er sah die Sicherheitseinrichtungen und den Kontrollraum des neuesten der fünf Reaktoren, wo er die drei Notschalter entdeckte (gesichert mit Siegelschnur und -lack), mit denen der Reaktor im Notfall stillgelegt wird. Frey war verwundert, „daß er einfach hätte das Ding abschalten können".

Die Sowjetunion ist durch die weltweite Erregung über die Katastrophe von Tschernobyl aufgerüttelt worden und hat längst überfällige Schritte zur Verbesserung ihrer Nuklearanlagen unternommen: Moskau hat mehrere Verantwortliche in Tschernobyl entlassen und vor Gericht gestellt, den Bau von zwei zusätzlichen Kernkraftwerken dort eingestellt, drei Reaktoren ähnlicher Bauart mit moderneren Sicherheitssystemen ausgerüstet, die Planung und den Bau weiterer Reaktoren gestoppt und prinzipiell der Überprüfung *einiger* sowjetischer Werke durch die Internationale Atomenergiekommission zugestimmt. Im Mai 1987 konnten Hörer der englischsprachigen Sendungen des Weltfunks von Radio Moskau erstaunt die Mitteilung vernehmen, daß das Gebiet von Tschernobyl ein Jahr nach der Katastrophe „von keiner Gefahr mehr bedroht" sei.

Fotograf:
Rudolf Frey, Österreich

Der Kaviar – die Russen nennen ihn *Ikra* – stammt von den kaspischen Küsten des Iran und der UdSSR. Genauer gesagt: Er kommt aus den Bäuchen jener trägen Störe, die in diesen Gewässern leben.

Das sowjetische Kaviar-Zentrum Astrachan ist ideal an der Mündung der Wolga gelegen, wo die Störe in großer Zahl laichen. Ein einziges Ei dieser Hausen genannten Störe, das nur 2,5 Millimeter mißt, kann Exemplare bis zu 8,5 Meter Länge und 3000 Pfund Gewicht hervorbringen, die wiederum jeweils bis zu 200 Pfund Rogen abgeben können.

Die Gewinnung des Kaviars ist ein schwieriger und mühevoller Vorgang. Die Störe werden aus der Wolga gefangen und zu Verarbeitungsbetrieben gebracht, wo Facharbeiter die Eier vorsichtig aus dem Eisack herausholen. Die Fische selbst werden nicht weggeworfen, da der Stör schon als große russische Delikatesse galt, lange bevor irgend jemand darauf kam, wie man die Eier verwerten konnte.

Nach dem Entfernen der Membrane, die den Rogen zusammenhält, bekommt der Kaviar seinen bekannten perlgrauen Glanz und die feine Körnung. Eine vom Glück begünstigte Mitarbeiterin der Qualitätskontrolle kostet den Inhalt eines jeden Behälters, bevor er zum Versand kommt. Wenn die Zwei-Pfund-Dosen an den Küsten der kapitalistischen Länder eintreffen, haben sie einen Verkaufswert von weit über 1000 Dollar das Stück.

Fotograf:
Claus C. Meyer, Bundesrepublik Deutschland

Der Baikalsee, „Sibiriens blaue Perle“ genannt, ist eine kilometertiefe Rinne von 650 Kilometer Länge und bis zu 50 Kilometer Breite, die 20 Prozent des Süßwasserreservoirs der Erde enthält – mehr als die großen Seen in Amerika zusammengenommen. 336 Flüsse münden in den Baikalsee. Er beherbergt mehr als 2000 Arten von Flora und Fauna, darunter auch die einzige Süßwasser-Robbe der Welt und das *Jepischura*, ein winziges Schalentier, das sich von verwesender organischer Materie ernährt und dem azurblauen See seinen kristallartigen Glanz verleiht.

Durch seine Lage in einem Gebiet von gewaltiger wirtschaftlicher Bedeutung stand der Baikalsee viele Jahre im Mittelpunkt intensiver industrieller Entwicklung. Papier- und Holzfabriken und ein riesiges Zellulosewerk schütteten bedenkenlos Tonnen von Chemikalien und Holzabfallprodukten in den See.

Anfang der siebziger Jahre befaßte sich eine Gruppe von Schriftstellern und Wissenschaftlern mit dem Baikal-Problem und machte die Verschmutzung des Sees publik. Nach jahrelangen Protesten begann Moskau aufmerksam zu werden. In der Nähe der Papierfabrik wurde eine moderne Wasseraufbereitungsanlage gebaut. Pläne für die Umleitung mehrerer in den Baikalsee mündender Flüsse wurden aufgegeben, und der See selbst wurde zum Naturschutzgebiet erklärt. Heute, da sich die Sowjetunion der Gefahren der Umweltverschmutzung und der Vorzüge der Erhaltung ursprünglicher Naturlandschaften immer stärker bewußt wird, dient der Baikalsee der sowjetischen Propaganda als Erfolgsbeispiel.
Fotograf:
Galen Rowell, USA

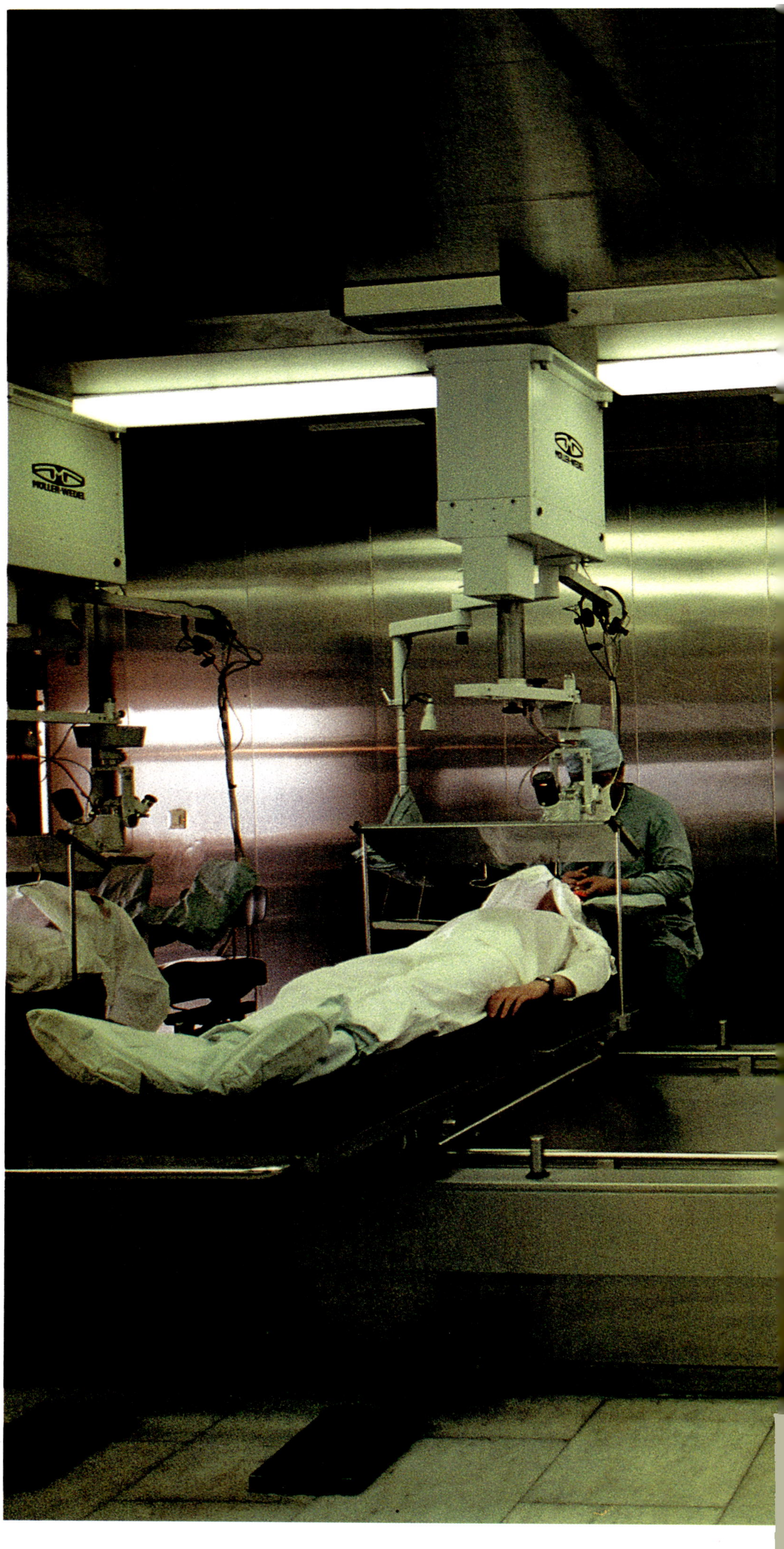

Oben und rechts

Mit Hilfe der Lasertechnologie kann Dr. Swjatoslaw Fjodorow am „Augenfließband" Kurzsichtigkeit mildern oder sogar ganz beheben. Professor Fjodorows Institut für Augenmikrochirurgie in Moskau ist weltweit führend auf seinem Gebiet, und die hier entwickelten Methoden kommen in großem Umfang auch im Westen zur Anwendung. Wegen seiner internationalen Erfolge wurde das Institut mit außergewöhnlichen Privilegien bedacht, unter anderem auch mit den besten importierten Ausrüstungen.

Da das Institut finanziell eigenständig ist, versucht die Verwaltung, mit hohen Gehältern die herausragenden medizinischen Köpfe der Sowjetunion zu gewinnen. Eine Krankenschwester des Instituts verdient ebensoviel wie ein Arzt in einem durchschnittlichen sowjetischen Krankenhaus.

Fotograf:

Viktor Tschernow, UdSSR

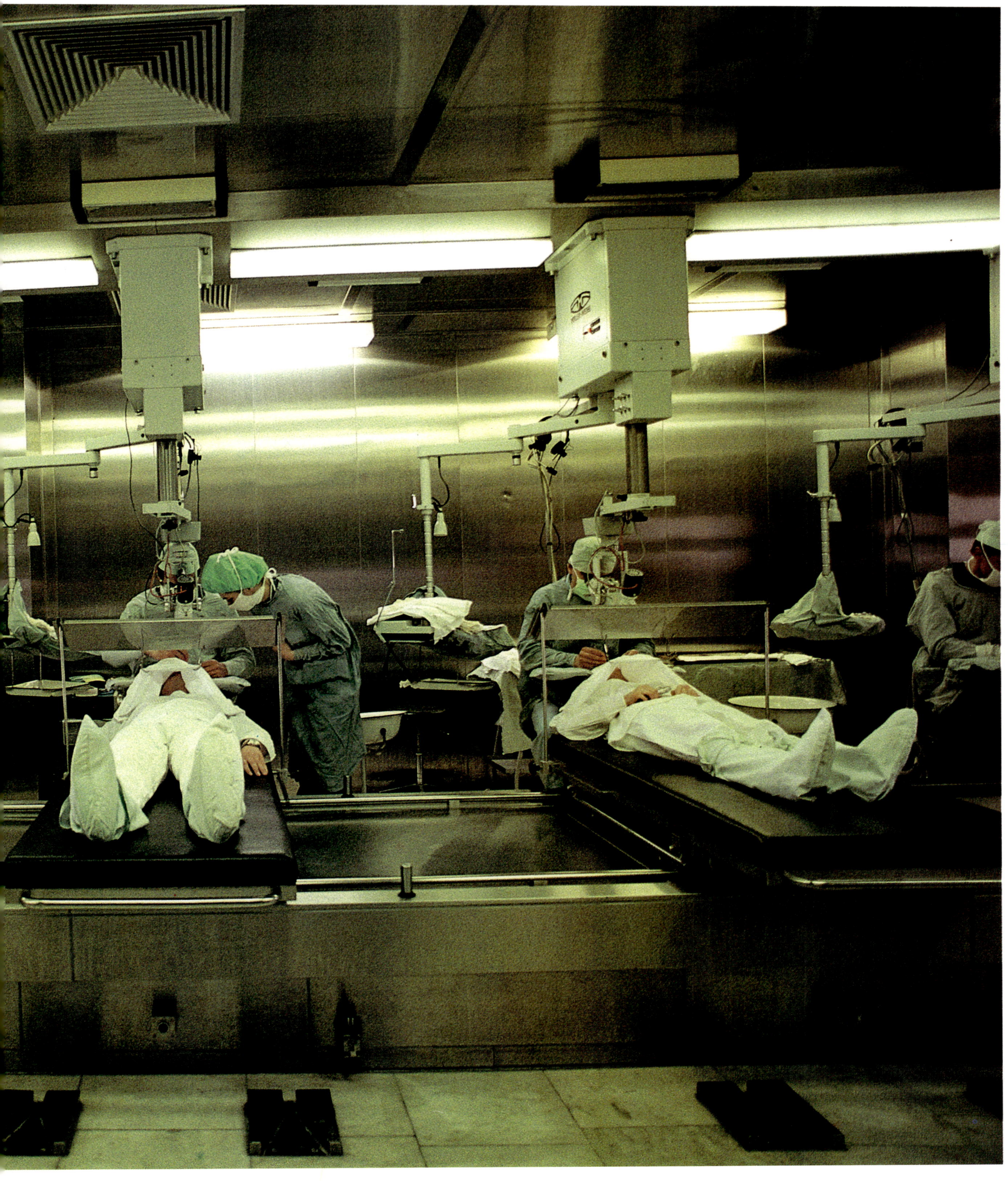

Am 15. Mai verbrachte die amerikanische Fotografin Mary Ellen Mark einen Teil ihrer Zeit in der Sonderschule Nr. 5 für blinde Kinder in Kiew.

Mary Ellen, die in Amerika bereits Bildberichte über krebskranke, retardierte und gehörlose Kinder herausgebracht hatte, war besonders beeindruckt von dem hohen Maß an pflegerischer Zuwendung, das sie in Kiew vorfand. „Ziel der Schule ist es, die Kinder völlig selbständig zu machen. Es war großartig anzusehen, wie diese Kinder, die doch nichts sehen können, ein im wesentlichen normales Leben führen. Auch die Reaktion der Kinder auf mich war beeindruckend. Erstaunlich ist, daß sie alle wissen, was eine Kamera ist. Viele der Kinder sind von Geburt an blind, aber jedes von ihnen wußte, daß ich da war, sie erkannten es an meinem Schatten. Es war eines meiner schönsten Erlebnisse als Fotografin."

Fotografin:
Mary Ellen Mark, USA

• *Nächste Doppelseite*

Grigori Tschigogidse hält einen Filmkurs ab für Junge Pioniere im georgischen Tiflis (Tbilissi). Die große Mehrheit der 10- bis 14jährigen schließen sich den Pionieren an. Gemäß dem feierlichen Aufnahmeschwur „hält ein Pionier seinem Vaterland, der Partei und dem Kommunismus die Treue. Ein Pionier gedenkt der gefallenen Kämpfer und macht sich bereit, das Vaterland zu verteidigen".

Junge Pioniere können überall in nahe gelegenen „Pionierpalästen" fast alles lernen. Sie sind auch berechtigt, das traditionelle rote Halstuch der Organisation zu tragen. Seine drei Ecken symbolisieren die Einigkeit von Pionieren, Komsomol (Kommunistischem Jugendbund) und Kommunistischer Partei.

Fotografin:
Stephanie Maze, USA

Stephanie Maze

alles so, als sähen sie es zum ersten Mal. Kodak übergab 100 sowjetischen Schulkindern Kodak EF 35-mm-Kameras zur Benutzung am 15. Mai. Als Lohn für ihre Beteiligung an *Ein Tag im Leben der Sowjetunion* durften sie die Kameras nachher behalten. Hier ist eine Auswahl aus den 3096 Fotos, die von diesem Team junger Fotografen aufgenommen wurden.

Timur Kamasow, 11 Jahre **Moskau**

Dima Malaschew, 10 Jahre **Moskau**

Sergej Popow, 12 Jahre **Kasim**

Sergej Iwanow, 12 Jahre **Moskau**

Denis Gankin, 11 Jahre **Moskau**

Igor Jaschnow, 13 Jahre **Moskau**

Sergej Lebeder, 13 Jahre — Moskau

Alexej Vikterow, 13 Jahre — Bykowo

Maxim Schenker, 10 Jahre — Moskau

Igor Malzew, 14 Jahre — Krasnojarsk

Roman Lawrik, 12 Jahre — Dickson

Denis Skworzow, 13 Jahre — Moskau

Oben

Auf Kurs: Ein Eskimo-Jäger hält Kurs direkt aufs Meer landab von der gebirgigen Küste der Tschuktschen-Halbinsel, der östlichsten Region der Sowjetunion.

Fotograf:

Wladimir Wiatkin, UdSSR

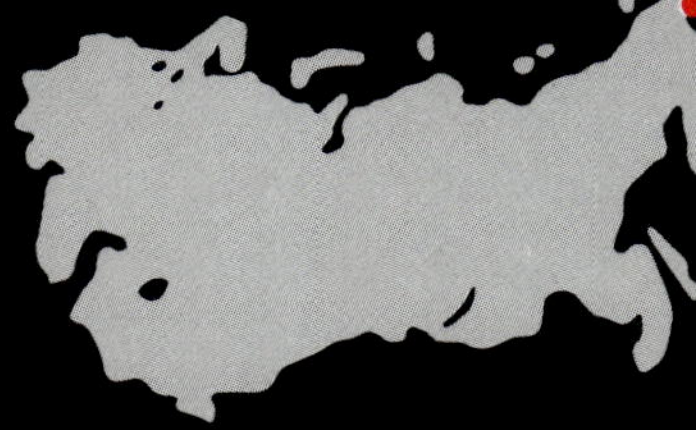

• *Oben*

Festes Ziel: Anatoli Konichin und Valeri Schautsche bei der Jagd auf Seehunde und Robben im Beringmeer. Zwar wurden die Eskimos der Sowjetunion in mancher Weise mit den Errungenschaften der modernen Zeit ausgestattet, doch jagen sie nach wie vor mehr um des Überlebens als um des Gewinns willen. Aber schon das ist Herausforderung genug in diesem rauhen, wechselhaften Klima. Nach Ablauf der halben Jagdzeit kam starker Nordwind auf, und ein Schneetreiben trübte die Sicht für den Jäger wie für den Fotografen.

Fotograf:
Wladimir Wjatkin, UdSSR

Alexandr Poljakow

● *Vorangehende Doppelseite*

Vergnüglicher Imbiß: In einer kleinen stoffbedeckten *Balok,* einer Art transportabler Hütte, teilen Gennadi Porotow und Ignat Uksusnikow einen gefrorenen Fisch in stillem Humor miteinander. Die maskenartige Gesichtsbräune der beiden Nganasany-Jäger ist das Ergebnis langer Stunden in Sonne, Wind und gleißendem Schnee.
Fotograf:
Alexandr Poljakow, UdSSR

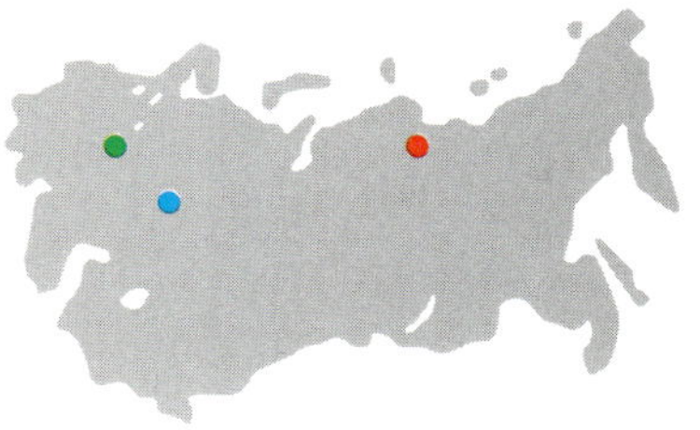

• *Links*

Zwei Motorradfahrer im Konflikt mit der Staatsgewalt, nachdem sie die Probe eines Freiluftkonzerts in Wotkinsk bei Ustinow gestört haben. Herumstreunende Jugendliche und junge Straftäter, allgemein als *Chuligany,* Rowdys, bezeichnet, sind ein häufiges Ärgernis für die sowjetischen Behörden. Fälle von Rowdytum, die im Gesetz als „vorsätzliche Handlungen, welche die öffentliche Ordnung grob verletzen und eine offensichtliche Mißachtung der Gesellschaft ausdrükken" definiert werden, bilden den Tatbestand bei 24 Prozent aller Gerichtsverfahren.

Fotograf:
Gennadi Koposow, UdSSR

• *Oben*

Zwei hochrangige Offiziere (ein Oberstleutnant und ein Hauptmann) von der GAI, der Verkehrspolizei, erhalten die Meldung eines Vorfalls in der Moskauer Innenstadt. Die Verkehrspolizisten in der Sowjetunion sind mit mehr Befugnissen ausgestattet als ihre westlichen Kollegen und entscheiden normalerweise an Ort und Stelle über die Schuldzuweisung bei einem Verkehrsunfall. Sie fordern dann den für schuldig Befundenen auf, eine eidesstattliche Erklärung zu unterschreiben. Alle motorisierten Verkehrsteilnehmer führen Verkehrskarten mit sich, auf denen Verstöße und Unfälle registriert werden. Bei einer Verwarnung stanzt der Polizist ein Loch in die Karte, und nach drei Verwarnungen muß der Fahrer auf öffentliche Verkehrsmittel umsteigen.

Fotograf:
Torin Boyd, USA

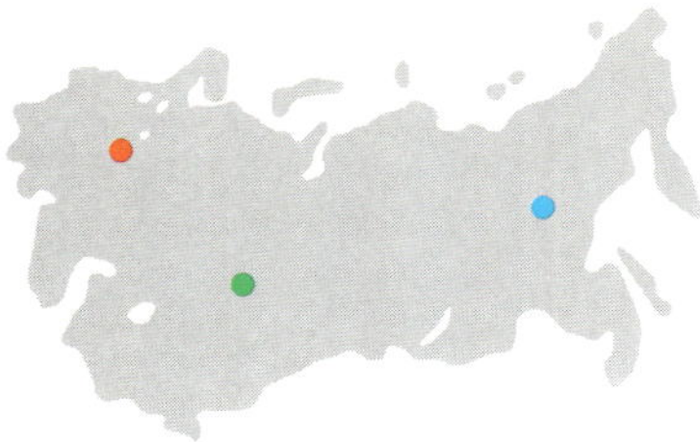

• *Ganz oben*

Ferkel im Angebot auf dem *Zentralny Rynok,* einem von rund 25 freien Märkten in Moskau. Vielfalt und Menge der landwirtschaftlichen Erzeugnisse auf diesen Märkten kontrastieren auffallend mit der begrenzten Auswahl, die man in einem durchschnittlichen staatlichen Laden findet. Als notwendige Konzession an freies Unternehmertum im kleinen Maßstab dürfen Kolchosbauern eigene kleine Ackerparzellen bewirtschaften und die Produkte zum Marktpreis verkaufen. Die privat genutzte landwirtschaftliche Fläche der Sowjetunion macht nur 3 Prozent der bebauten Gesamtfläche aus, erbringt aber über 25 Prozent der Agrarerzeugnisse des Landes.
Fotografin:
Sarah Leen, USA

• *Oben*

Tägliche Routine: Eine Frau knetet Wurstmett in einem Fleischverarbeitungsbetrieb in Jakutsk (Sibirien). Schweine- und Rindfleisch werden hier verarbeitet, aber auch eine regionale Delikatesse der Jukaten, Wildponyfleisch.
Fotograf:
Diego Goldberg, Argentinien

Unten

Sozialhelfer verteilen Brot und Milch an Dorfbewohner aus Smolino in der Provinz Kurgan. Der von schweren Frühjahrsregenfällen angeschwollene Fluß Tobol war über die Ufer getreten und hatte viele Anwohner zum Verlassen ihrer Häuser gezwungen. Als der ungarische Fotograf Lajos Weber mit einem von der örtlichen Miliz zur Verfügung gestellten Amphibienfahrzeug eintraf, war das Wasser schon fast um 9 Meter gestiegen, und die Armee hatte alle Hände voll zu tun, um die durch die Überschwemmung in Not geratenen Menschen ausreichend mit Lebensmitteln und Kleidung zu versorgen.

Fotograf:
Lajos Weber, Ungarn

МИР НАРОДАМ!

● *Links*

Latif Karimow, ein 82jähriger Meister des Teppichentwurfs in Aserbeidschan, sitzt vor einer seiner Schöpfungen: einem Teppich zu Ehren von W. I. Lenin. Das Banner hinter Lenin verkündet: „Friede allen Völkern". Die Aserbeidschaner weben seit Jahrhunderten Teppiche nach persischer Tradition; die Darstellung von Menschen auf Teppichen ist allerdings eine sowjetische Neuerung.
Fotograf:
George Steinmetz, USA

● *Oben*

In einem traditionsreichen Betrieb für Kunsthandwerk in dem ukrainischen Dorf Reschetilowka weben Frauen an einem großen Teppich auf einem schweren Handwebstuhl. Am 15. Mai 1987 arbeiteten sie an einer Serie von Teppichen zum Gedenken an den 70. Jahrestag der Großen Oktoberrevolution.
Fotograf:
Jay Dickman, USA

• *Oben*

An der Strippe: Ein Soldat der Luftwaffe in einer Telefonzelle in Astrachan am Kaspischen Meer. Ein Telefongespräch kostet nicht mehr als 2 Kopeken (etwa 5 Pfennig).
Fotograf:
Claus C. Meyer, Bundesrepublik Deutschland

• *Rechts*

In Bereitschaft: Eine Schwestern-Notbrigade in Gorno-Altai marschiert und singt patriotische Lieder vor den Probeübungen für ihren Einsatz im Katastrophenfall, zum Beispiel bei Epidemien, Erdbeben, Überschwemmungen oder Krieg.
Fotograf:
James Balog, USA

• *Nächste Doppelseite*

In dem kleinen Dorf Woskewas in Armenien.
Fotografin:
Jodi Cobb, USA

Jodi Cobb

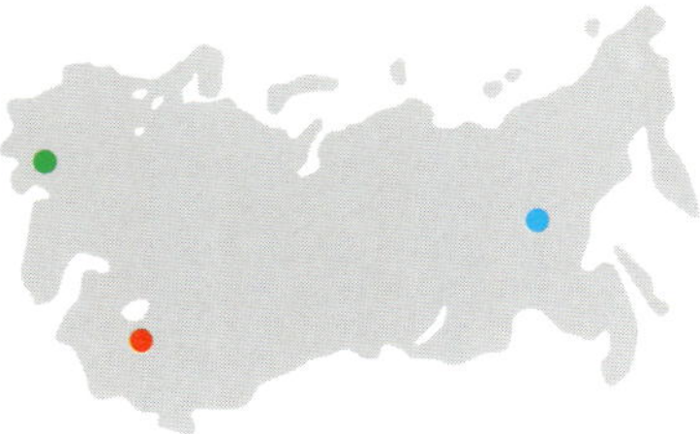

● *Ganz oben*

Kinder im Kindergarten von Chiwa in Usbekistan lernen die Grundrechenarten mit Hilfe eines Abakus. Diese Kinder beginnen die Ausbildung zwar in ihrer usbekischen Muttersprache, müssen später aber Russisch lernen, wenn sie eine höhere Schule besuchen wollen.

Manche nichtrussische Bewohner überall in der Sowjetunion sehen das mit Besorgnis, weil sie den Verlust ihrer Muttersprache und Kultur befürchten. Doch gibt es große Gebiete, die dieser kulturellen Erosion bis jetzt wirksam widerstanden haben, vor allem Armenien, Georgien und die Republiken Zentralasiens. In diesen Regionen mit relativ wenigen russischen Zuwanderern überwiegen noch die nationalen Sprachen, so daß die russischsprachigen Bewohner gezwungen sind, selbst zweisprachig zu werden.

Fotograf:
Andrew Stawicki, Kanada

● *Oben*

Eine Schule mit muttersprachlichem Unterricht in der sibirischen Stadt Jakutsk.

Fotograf:
Diego Goldberg, Argentinien

• *Unten*

Ein Junge in einem Kindergarten in Poltawa (Ukraine) ist wegen einer kleineren „Ordnungswidrigkeit" vorübergehend auf den Flur verbannt worden. In vielen sowjetischen Klassenzimmern gibt es ein System der Selbstdisziplin, bei dem ein Kind als *Swenjewoi* (Gruppenleiter bei den Jungen Pionieren) über das Verhalten der anderen Kinder in seiner oder ihrer Bankreihe berichtet. Nach einem anderen System mit der Bezeichnung *Schefstwo* werden die besten Schüler schwächeren Schülern zugeteilt, um diesen bei den Schularbeiten zu helfen und ihr allgemeines Betragen günstig zu beeinflussen.

In der Praxis funktionieren diese institutionalisierten Systeme nicht immer.

Fotograf:
Jay Dickman, USA

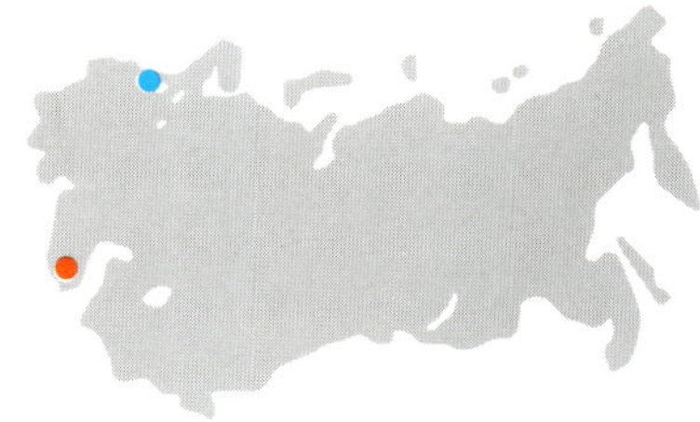

• *Links*

Ein Kellner im Hotel Armenia in Eriwan versucht mit zwei Flaschen *Pepsi-Kola* Kunden anzulocken. Amerikas zweitbeliebtestes Limonadengetränk ist in der UdSSR seit 1959 die Nummer eins, als Generalsekretär Nikita Chruschtschow die Herausforderung auf einer amerikanischen Handelsmesse in Moskau annahm. Chruschtschow fiel in Ungnade, aber Pepsi wird nach wie vor – lauwarm – an Straßenkiosken in den großen Städten der Sowjetunion verkauft.
Fotografin:
Jodi Cobb, USA

• *Oben*

An der Newa: Ein junger Vater balanciert seinen Sohn am Ufer der Hauptwasserstraße Leningrads auf der Hand.
Fotografin:
Nicole Bengiveno, USA

Oben

Kur-Tour: Wassili Schtschetinnikow reiste mehr als 1600 Kilometer von Omutninsk in Nordrußland zu einer Kur in Mazesta bei Sotschi am Schwarzen Meer an. Sein Leiden: schlechte Durchblutung der Gliedmaßen; das Kurmittel: die hochmineralhaltigen Quellwasser in dem seit altersher besuchten Badeort.
Fotograf:
Aaron Chang, USA

Rechts

Pro Kopf ein Topf: Gemeinschaftlich der Windeln entwöhnt werden diese Kleinkinder in der Kindertagesstätte eines Holzverarbeitungsbetriebs in der burjätischen Mongolei. Jedes Kind hat seinen eigenen, numerierten Topf.
Fotograf:
Seny Norasingh, USA

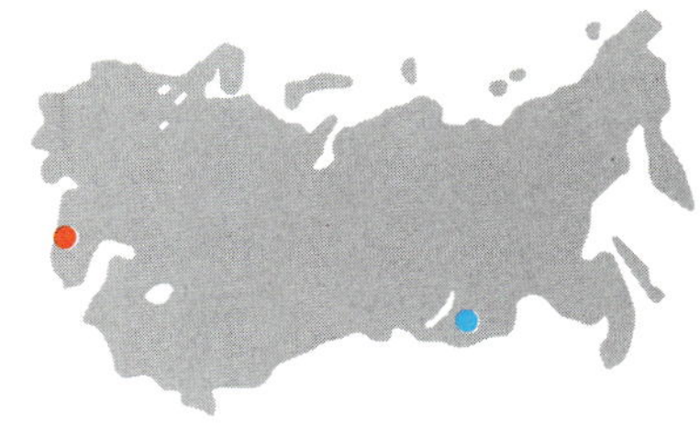

Links

Dr. Wera Pasowa von der Gynäkologischen Klinik Nr. 1 in Alma-Ata (Kasachstan) präsentiert hier die neugeborene Tochter der Lehrerin Ljuda Andrejewa. 70 Prozent der Ärzte in der Sowjetunion sind Frauen, was einerseits auf die niedrige Bezahlung der Ärzte zurückzuführen und andererseits in der überkommenen Vorstellung begründet ist, daß die pflegenden Berufe vorzugsweise eine Domäne der Frauen seien.
Fotograf:
Jean-Pierre Laffont, Frankreich

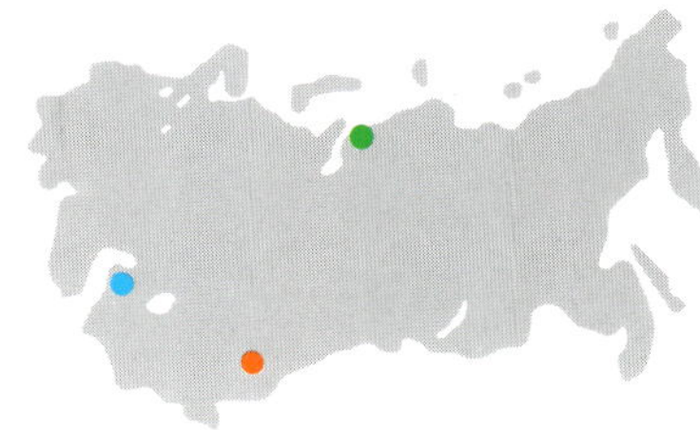

Links

In der Entbindungsklinik in Schewtschenko (Kasachstan) ist Krankenschwester Antonina Sadoroschkaja gerade mit dem Wickeln der Neugeborenen fertig. Während die russische Bevölkerung in den Jahren 1970 bis 1979 um etwa 6 Prozent zunahm, wuchsen die Völker Zentralasiens, wo große Familien noch immer Tradition sind, im gleichen Zeitraum um rund 25 Prozent.

Fotograf:
Anatoli Morkowkin, UdSSR

Ganz oben

Ein Kinderwagen-Schlitten? Wohl tatsächlich nur ein Super-Baby könnte die Tiefsttemperaturen in Dickson überstehen, das an der arktischen Küste der Sowjetunion liegt. Das Quecksilber sinkt hier so tief, daß Eltern ihre Kinder in diesen geschlossenen Schlitten zur Schule bringen müssen. Wenn der Schnee schmilzt, wird der Boden zu einem unpassierbaren schlammigen Morast.

Fotograf:
Pawel Kriwzow, UdSSR

Oben

Baby-Boom: Während der Stoßzeiten kann das Parken der Kinderschlitten vor dem Kindergarten in Dickson zum Problem werden.

Fotograf:
Pawel Kriwzow, UdSSR

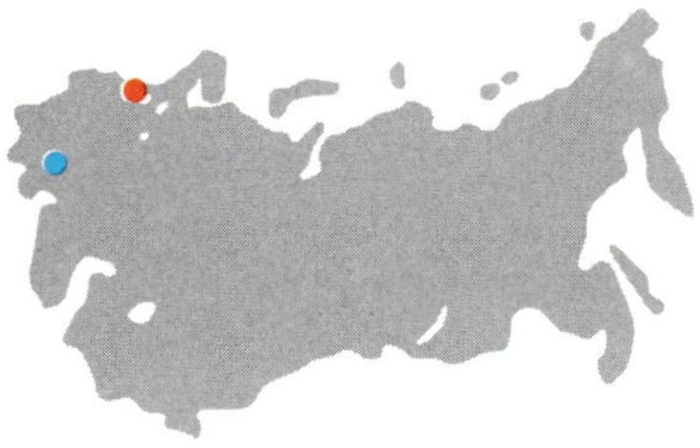

• *Oben*

Auf der Rolle: Zwei Jugendliche sausen gemeinsam auf ihren Skateboards eine Leningrader Straße hinab.
Fotograf:
David Hume Kennerly, USA

• *Rechts*

Pferdesport in Poltawa: Im vollen Galopp beugt sich Nikolai Sasulja zu Anschela Chalimowa hinüber, während diese abzustoppen versucht. Das Spiel „Küß ein Mädchen" wird in traditioneller ukrainischer Tracht bei Festlichkeiten gespielt. Der angebliche Zweck der Übung ist die Steigerung reiterlichen Geschicks.
Fotograf:
Jay Dickman, USA

Links

Solo für die Braut auf einer traditionellen Tschetschenen-Hochzeit in einem Dorf bei Grosny. Die unverheirateten Männer bleiben an der einen Seite des Saals und die Frauen an der anderen Seite, während die Braut allein die Festlichkeiten leitet. Der Bräutigam tritt erst am Ende in Erscheinung, um seine frischgebackene Ehefrau heimzuführen.
Fotograf:
Gerrit Fokkema, Australien

Unten

Ewige Flammen: Ein junges Brautpaar am Kriegerdenkmal des Zweiten Weltkriegs in Tallin (Estland). Da die Trauungszeremonie meist nur ein paar Minuten dauert, verbringen viele sowjetische Paare ihren Hochzeitstag mit der Besichtigung von Sehenswürdigkeiten ihrer Heimatstadt. Ein Besuch dieser Gedenkstätte ist dabei Ehrensache.
Fotograf:
Raphaël Gaillarde, Frankreich

Rechts oben

Am Altar in Alma-Ata (Kasa stan) küßt Tolegen Schinibaj die Hand seiner Braut Tinisc tik bei der Hochzeitszeremon im *Neke Saraij,* dem Heirats palast. Die Braut trägt ein traditionelles kasachisches Hochzeitskleid.
Fotograf:
Jean-Pierre Laffont, Frankre

Oben

Alexej Sorubnew beim Verlassen des Heiratspalastes von Norilsk (Nordsibirien) mit seiner soeben angetrauten Ehefrau Jelena Fedorowa. Wie viele abgelegene sibirische Industriestädte bietet Norilsk attraktive Gehälter und gute Aufstiegsmöglichkeiten für jeden, der bereit ist, die extreme Kälte in Kauf zu nehmen. Da die Angeworbenen häufig ehrgeizige Universitätsabsolventen ohne familiäre Bindungen sind, ist Norilsk zu einem Ort geworden, wo junge Leute zueinanderfinden können.

Fotograf:
Wladimir Fedorenko, UdSSR

Nächste Doppelseite

In Erwartung des großen Augenblicks: Ein Brautpaar im fernöstlichen Chabarowsk wartet, bis es an der Reihe ist im Heiratspalast, wo täglich bis zu 40 Trauungen stattfinden. Gegen ein geringes Entgelt können die Paare nach der nur sieben Minuten dauernden Zeremonie noch zu einer kleinen Feier mit Sekt und Pralinen bleiben, doch ziehen die meisten es vor, sich gleich zu ihren eigenen, aufwendigeren Festlichkeiten zu begeben.

Fotograf:
Dilip Mehta, Kanada

Dilip Mehta

Ganz oben

Wladimir Slepak (58) und seine Frau Marija (60) sind Juden, denen der Staat Ausreisevisen verweigerte – trotz des Grundsatzes, daß die Auswanderung erlaubt wird, wenn eine erhebliche Anzahl von Angehörigen außerhalb des Landes lebt (die Mutter von Marija Slepak, ihre Schwester und ihr Sohn leben in Israel und ein weiterer Sohn in New York).

Seit Wladimir Slepak im Jahre 1970 seinen ersten Antrag stellte, ist er ständig belästigt, überwacht, durchsucht und mindestens zwanzigmal verhört worden, verlor fünfmal seine Arbeit, wurde für fünf Jahre nach Sibirien verbannt und zweimal verhaftet. Durch ihren unnachgiebigen Mut wurden die Slepaks zu den bekanntesten Ausreisewilligen der Welt. (Im Oktober 1987 gaben die sowjetischen Behörden dem Ausreiseersuchen statt.)

Fotograf:
Gary Eisenberg, USA

Oben

„Stoppt die Alkoholproduktion": Besorgte Bürger protestieren gegen die Trunksucht, ein landesweit verbreitetes Laster. Die Sowjets haben seit jeher erkleckliche Mengen Wodka konsumiert (15 Liter pro Jahr und Kopf, Männer, Frauen und Kinder inbegriffen). Im Alkoholkonsum sieht man die Ursache für die meisten Verbrechen (einschließlich 90 Prozent aller Morde), für zwei Drittel der Arbeitsunfälle und die Hälfte aller Scheidungen in der Sowjetunion. Generalsekretär Gorbatschow hat die halbherzigen Richtlinien seiner Vorgänger gegen den Alkoholmißbrauch durch strenge Maßnahmen ersetzt und unter anderem die Zahl der Ausschankstellen für Alkohol und deren Öffnungszeiten beträchtlich verringert. Auch dieser Protestmarsch wurde wahrscheinlich von Regierungsseite initiiert.

Fotograf:
Alexandr Tombulidis, UdSSR

• *Unten*

„Laßt immer blauen Himmel sein“ steht auf dem einen Plakat, „Laßt die Sonne immer scheinen“ auf einem anderen. Die Plakate werden von den Teilnehmerinnen eines Frauen-Friedensmarsches getragen, der sich eine der ungewöhnlich breiten Straßen im fernöstlichen Chabarowsk hinabbewegt. Das ständig aktive, von der Regierung unterstützte Sowjetische Komitee für die Verteidigung des Friedens koordiniert „Friedenstage“, „Freundschaftsmonate“ und „Abrüstungswochen“ im ganzen Land und arbeitet mit internationalen Friedensbewegungen auf breiter Basis zusammen.
Fotograf:
Dilip Mehta, Kanada

• *Links*

Kunden drängen sich in der Schuhabteilung des staatlichen Warenhauses in Moskau, des größten in der Sowjetunion. Das *GUM* wurde zwischen 1889 und 1893 erbaut. Die langen glasgedeckten Einkaufsarkaden sind noch immer intakt, wenn auch die Warenauswahl inmitten all der Fin-de-siècle-Pracht ein wenig deplaciert scheint. Der Fotograf Rick Smolan kam zufällig dazu, als eine der seltenen und hochwillkommenen Lieferungen importierter Schuhe in den Verkauf gelangte, und war erstaunt, daß jeder Kunde sofort ein Paar kaufte, wenn die Schuhe auch nur einigermaßen paßten.
Fotograf:
Rick Smolan, USA

• *Oben*

Ein älteres Ehepaar beim Einkauf von Meeresfrüchten in dem riesigen Geschäft für Seefische in Nachodka. Da in Nachodka eine der größten Fischfangflotten des Fernen Ostens beheimatet ist, ist dieser Supermarkt ungewöhnlich gut mit frischem Fisch und Meeresdelikatessen, wie zum Beispiel Krabbenscheren, versorgt. Der 1950 gebaute Hafen der Stadt ist auch Standort der einzigen sowjetisch-amerikanischen Gemeinschaftsfirma, der US-USSR Marine Resources Company.
Fotograf:
Frank Johnston, USA

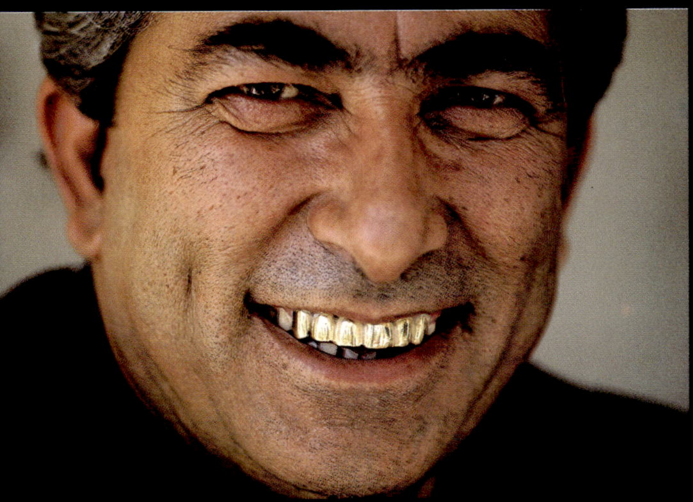

Eriwan, Armenische SSR — Jodi Cobb, USA

Machatschkala, RSFSR — Janusch Fogler, Polen

Chanty-Mansijsk, RSFSR — Juri Kawer, UdSSR

Jalta, Ukrainische SSR — Arthur Grace, U

im, RSFSR — Boris Babanow, UdSSR

Sagorsk, RSFSR — Tomasch Tomaschewski, Polen

Moskau, RSFSR — Paul Chesley, USA

orog, Tadschikische SSR — Wladimir Rodionow, UdSSR

Nukus, Usbekische SSR — Wladimir Perwenzew, UdSSR

• *Links*

Auf der Insel Kichnu, zweieinhalb Bootsstunden von Estland entfernt, fahren diese Frauen gemeinsam auf dem Motorrad zum Markt. Durch ihre Lage abseits vom Festland haben die 500 Inselbewohner, von denen zwei Drittel Frauen sind, ihre traditionellen Bräuche gut bewahren können.
Fotograf:
Juri Wendelin, UdSSR

• *Oben*

Sein Pferd scheint das nicht sehr zu beeindrucken, aber dieser Spitzenkönner unter den Schafhirten, Taspalad Achmatow aus dem Dorf Gani-Basar in Kirgisien, hat dreimal den Lenin-Orden und außerdem den Orden der Oktoberrevolution für hervorragende Leistungen am Arbeitsplatz, den Sommerweiden in den Vorbergen des Tienschan-Gebirges, verliehen bekommen.
Fotograf:
Frans Lanting, Niederlande

Unten

Die vielfach wegen ihrer Schönheit ausgezeichneten Collies Antoscha, Amikus und Kascha zeigen sich hier in Babuschkin, einem Vorort von Moskau. Durch das Anwachsen der verfügbaren Einkommen ist die Zahl der Haustiere in der UdSSR sprunghaft angestiegen.
Fotograf:
Torin Boyd, USA

Unten Mitte

Auf der Staatsfarm Aksuazki in Kasachstan leidet ein junges reizbares Kamel unter der unwürdigen Behandlung, gleichzeitig gemolken und geschoren zu werden. *Schtschuwak,* Kamelmilch, ist begehrter als Kuhmilch; in Moskau wird sie von Gourmets als Delikatesse geschätzt.
Fotograf:
Alexandr Senzow, UdSSR

Links unten

Die Dompteuse Ljuba Kudrjazewa überwacht die Pelzpflege eines Bären hinter der Bühne des Zirkus in Sotschi. Wie viele sowjetische Zirkuskünstler absolvierte sie eine spezielle Zirkusschule und begann ihre Karriere als Akrobatin, bevor sie den berühmten Bärendompteur Nikolai Kudrjazew heiratete.
Fotograf:
Aaron Chang, USA

Unten

Tierarzt Sergej Jemeljanow macht seine Morgenrunde auf dem Gestüt Dubrowka in Poltawa. Dieses ukrainische Gestüt von etwa 100 Hektar Größe züchtet Rassepferde, deren Stammbaum teilweise auf den amerikanischen Champion „Low Hanover" zurückgeführt werden kann, den die Sowjets in den fünfziger Jahren kauften. Am Morgen des 15. Mai fühlt sich nur eines der 700 Pferde des Gestüts leicht indisponiert.
Fotograf:
Jay Dickman, USA

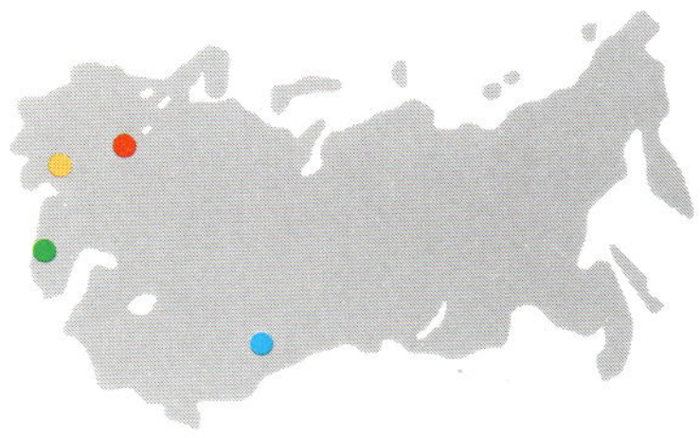

Unten

Schafe weiden auf den Vorbergen des Tienschan-Gebirges in Kasachstan. Der kasachische Schäfer führt die jahrhundertelange Tradition seines Nomadenvolkes fort, nur daß er jetzt für die Souanbai-Kolchose arbeitet. Jenseits der schneebedeckten Gipfel des Tienschan liegt die Volksrepublik China.
Fotograf:
Jean-Pierre Laffont, Frankreich

Vor ihrem Tod im Jahre 1972 war Alla Tarasowa eine gefeierte Schauspielerin am Moskauer Kunsttheater und eine vorbildliche Führerin in der Kommunistischen Partei. Ihr Begräbnis hätte normalerweise große Beachtung in der sowjetischen Presse gefunden, aber da sie eine christliche Bestattung gewünscht hatte, ließen die Behörden – gemäß Anweisung der offiziell atheistischen Kommunistischen Partei – die Beisetzung in aller Stille vonstatten gehen.

Der Fall der Tarasowa ist ein beredtes Beispiel für die gespannte und komplizierte Beziehung zwischen Kirche und Staat in der Sowjetunion. Offiziell garantiert die sowjetische Verfassung allen Bürgern das Recht auf „Gewissensfreiheit, das heißt, das Recht auf jedes religiöse Bekenntnis ... und auf Ausübung der Religion". Die Kommunistische Partei hat sich jedoch hartnäckig dem Atheismus verschrieben.

Auf lange Sicht möchte die Partei den Gottesglauben in der UdSSR ausmerzen, aber in einer Gesellschaft, in der 15–20 Prozent der erwachsenen Bevölkerung, das sind rund 32 Millionen Menschen, sich zu einem Glauben bekennen, ist dieses Ziel nicht leicht zu verwirklichen. Die Ramadan-Fastenzeit und religiöse Trauungen werden von den Moslems noch immer weitgehend praktiziert; die Ostergottesdienste in Moskau sind so stark besucht, daß freiwillige Polizeihelfer notwendig sind, um die Ordnung unter den Menschenmassen aufrechtzuerhalten; die erst kürzlich

Oben

Ein 24jähriger römisch-katholischer Priester, der jüngste in der UdSSR, nimmt in der St.-Alberts-Kirche in Riga die Beichte ab. In den letzten Jahren hat die sowjetische Regierung die Beziehung zum Vatikan verbessert, was für die Länder des Baltikums mit ihren Tausenden von römisch-katholischen Christen Gutes erhoffen läßt.
Fotograf:
Patrick Tehan, USA

Rechts

In Etschmiadsin, der Heimat der armenischen Kirche, kommen Gläubige zum Gebet zusammen. Die armenische Kirche geht auf das Jahr 301 zurück und pflegt eine alte Form des christlichen Glaubens.
Fotograf:
Oleg Makarow, UdSSR

• *Unten*

Die Metropoliten Suroschski und Pitirim, beides hochrangige Würdenträger der russisch-orthodoxen Kirche, auf dem Weg zu einer Priesterweihe in Moskau.
Fotograf:
Iwan Sirota, UdSSR

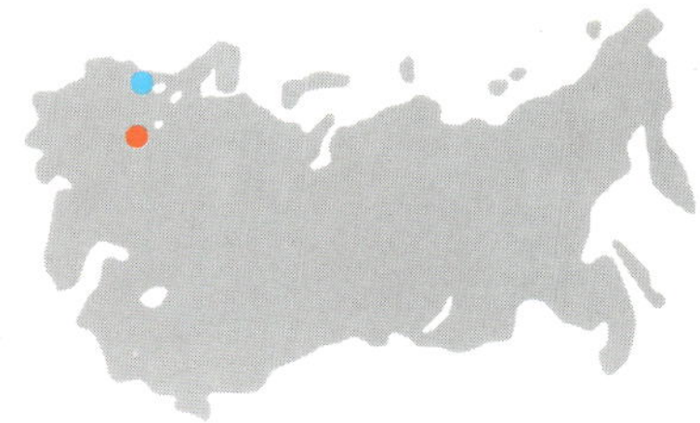

von dem Regierungsjournal *Wissenschaft und Religion* als „primitiv, abergläubisch und ungesund“ gebrandmarkte Taufe wird immer häufiger gewünscht.

In diesem zähen Ringen um die Herzen und Seelen der Russen wird aber der Staatsatheismus durch die gesetzlichen Regelungen begünstigt, was nicht überrascht. Die 9000 Kirchen, Moscheen und Synagogen des Landes sind sämtlich Staatseigentum. Zwar steht in der Verfassung, daß die Religionsausübung frei sei, doch wird in der Praxis jeder Versuch der Verbreitung religiöser Bekenntnisse bestraft. So dürfen die Juden zwar den Gottesdienst am Freitagabend besuchen, aber keine hebräischen Schulen gründen. Die Anhänger bekehrender protestantischer Sekten werden mit

• *Ganz oben*

Auf dem Wagankowo-Friedhof in Moskau erweisen Trauernde auf einem Gruppenbegräbnis den Toten die letzte Ehre. Nach dem gemäß der russisch-orthodoxen Liturgie abgehaltenen Gottesdienst bleiben nur Familienangehörige bei der Bestattung anwesend.
Fotograf:
Nikolai Ignatjew, UdSSR

• *Oben*

Eine Frau zündet Kerzen in der orthodoxen Nikolski-Kirche in Leningrad an.
Fotografin:
Nicole Bengiveno, USA

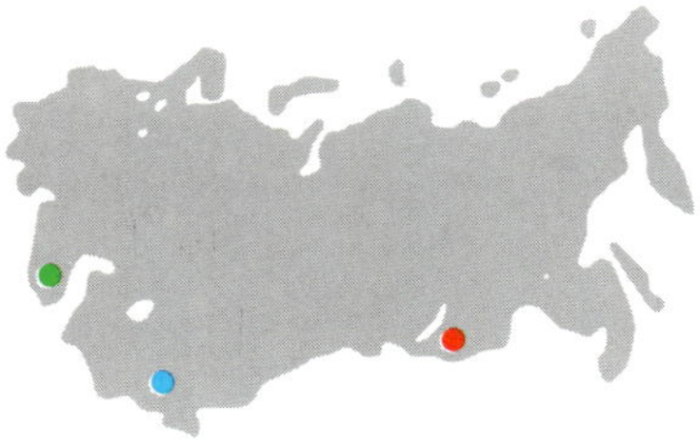

Geldstrafen belegt und verfolgt. Und es dürfen nur Schriften verbreitet werden, die für den Atheismus eintreten. (Zu diesem Zweck ist ein Netz von Clubs, Museen und Zeitungen geschaffen worden, die über erhebliche Geldmittel verfügen.)

Die größte, mächtigste und einflußreichste kirchliche Institution in der Sowjetunion ist die russisch-orthodoxe Kirche. Gestützt auf viele Millionen Gläubige, ist sie die wohlhabendste private Organisation im Lande. Nachdem sie in der Vergangenheit grausam unterdrückt worden war, wird ihr jetzt die Unterhaltung von mehr als zwei Dutzend Ordenshäusern und Klöstern sowie über 7500 Kirchen gestattet. Als Gegenleistung lassen sich die Kirchenoberen gelegentlich zu positiven Äußerungen über die Regierung herbei und stützen damit die sowjetische Behauptung, daß der Staat Religionsfreiheit gewähre. Die Kirche spendet auch großzügig für das sowjetische Friedenskomitee und andere vom Staat geförderte Anliegen.

Dieser delikate Balanceakt kennzeichnet das Verhältnis zwischen Kirche und Staat in der Sowjetunion seit den Tagen Breschnews. Statt durch scharfe Beschränkungen regeln die Behörden jetzt alle religiösen Aktivitäten durch den Rat für religiöse Angelegenheiten, der ministeriellen Status hat. Weitere religiöse Organisationen, wie zum Beispiel die vier für die Belange des sowjetischen Islam zuständigen „Geistlichen Direktorate“, sind von moskautreuen moslemischen Würdenträgern besetzt.

Die Moslems bereiten den sowjetischen Behörden besondere Schwierigkeiten. In dem komplizierten Gewebe der sowjetischen Gesellschaft sind Religion und Nationalität oft eng verflochten, und für die Moslems ist der Glaube ebenso wie für die armenischen Orthodoxen und die litauischen Katholiken ein fester Bestandteil ihrer nationalen Identität. Auch die Juden fühlen sich durch den Staat verunsichert in der Ausübung ihrer Religion. Der altüberkommene russische Antisemitismus und die Atheismuskampagnen der Regierung haben dazu geführt, daß Tausende von Juden ihr religiöses Erbe verleugnen oder verbergen. Zu Gott wird im Verborgenen gebetet, und die Synagogen im europäischen Rußland werden nur von den älteren Männern besucht.

● *Ganz oben*

Lamaistisch-buddhistische Mönche beim Morgengebet im Iwolga-Tempel nahe Ulan-Ude in Burjatien. Die von ihrer Herkunft her mongolischen Burjäten konvertierten im 16. Jahrhundert zu der tibetischen Variante des Buddhismus. Der Iwolga-Tempel, durch Spenden ortsansässiger Gläubiger finanziert, ist 1973 erbaut worden.
Fotograf:
Seny Norasingh, USA

● *Oben*

Freitag ist der heilige Tag der Moslems. In der Moschee Chodscha Abdu Darun in Samarkand (Usbekistan) beenden Sunniten ein *Rakaat* (Gebet), indem sie mit den Händen von oben nach unten über das Gesicht streichen. Die drei Männer mit den reinweißen Turbanen sind Korangelehrte, die das ganze heilige Werk in klassischem Altarabisch auswendig kennen.
Fotograf:
Gerd Ludwig, Bundesrepublik Deutschland

● *Rechts*

Bei einem wenig besuchten Sa-bat-Gottesdienst am Freitagabend in der Synagoge von T-lis (Tbilissi) folgt ein Gläubig- der Zeremonie anhand seines Gebetbuchs. Mehr als 30 der in der Sowjetunion noch existierenden Synagogen befind- sich in Georgien.
Fotografin:
Stephanie Maze, USA

אתה חוננתנו
יי אלהינו מדע
והשכל אתה אמרת
להבדיל בין קדש לחול
ובין אור לחשך ובין
ישראל לעמים ובין יום
השביעי לששת ימי
המעשה כשם שהבדלתנו
יי אלהינו מעמי הארצות
וממשפחות האדמה
כך פדנו והצילנו
משטן רע ומפגע רע
ומכל גזרות קשות
ורעות המתרגשות
לבא בעולם:
שויתי יהוה
לנגדי תמיד
מגן דוד
למנצח בנגינת מזמור שיר. אלהים
יחננו ויברכנו יאר פניו אתנו סלה:
לדעת בארץ דרכך בכל גוים
ישועתך: יודוך עמים אלהים יודוך
עמים כלם: ישמחו וירננו לאמים
כי תשפט עמים מישור ולאמים
בארץ תנחם סלה: יודוך עמים
אלהים יודוך עמים כלם: ארץ
נתנה יבולה יברכנו אלהים אלהינו:
יברכנו אלהים וייראו אותו כל
אפסי ארץ:

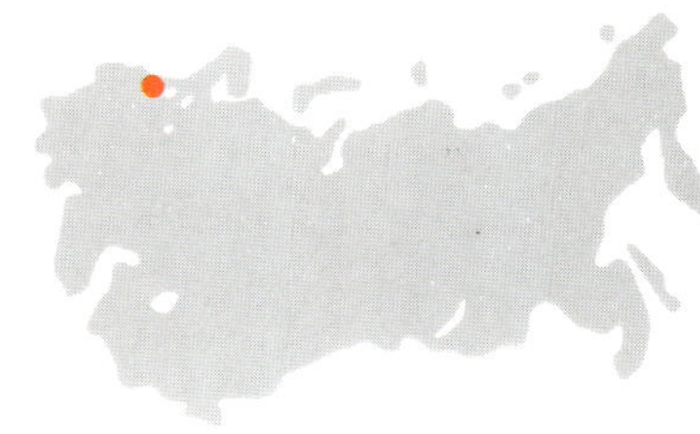

Die hier gezeigten Fotos sind nur eine kleine Auswahl aus den Tausenden eindrucksvoller Bilder von religiösen Ritualen und Feiern, die am 15. Mai aufgenommen wurden. Es muß betont werden, daß sowohl die orthodoxe Kirche als auch die sowjetische Presse-Agentur Nowosti sich alle Mühe gegeben haben, den Fotografen von *Ein Tag im Leben* besonderen Zugang zu religiösen Themen zu verschaffen. Die Kirche braucht Aufmerksamkeit in der westlichen Welt, um ihr Anliegen zu unterstützen, und die Sowjets wollten entsprechend ihrer internationalen Propaganda auf diesem Gebiet ihre religiöse Toleranz beweisen. Dennoch lebt religiöser Glaube in einem Land, das vielfach als gottlose Gesellschaft betrachtet wird.

Links

Die Kathedrale des Pjuchta-Konvents, eines von zwölf russisch-orthodoxen Nonnenklöstern, scheint im estnischen Morgennebel zu versinken.
Fotografin:
Marina Jurtschenko, UdSSR

Oben

Schwester Natalja vom Pjuchta-Konvent war früher Kunstexpertin und wohnte in Leningrad. In den Orden trat sie vor neun Jahren ein.
Fotografin:
Marina Jurtschenko, UdSSR

Diego Goldberg

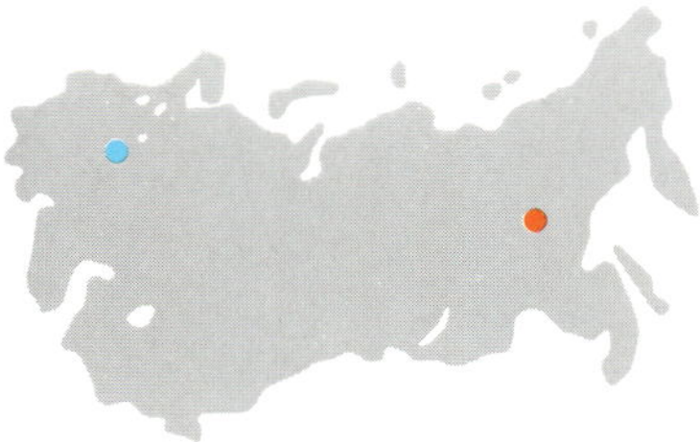

• *Vorangehende Doppelseite*

Wildponys beim Auslauf im Neuschnee auf einer *Sowchose* (Staatsfarm) in der Nähe der sibirischen Stadt Jakutsk. Diese kleinen, stämmigen Pferde werden von den Ureinwohnern, den Jakuten, wegen ihrer Fähigkeit gezüchtet, Winter zu überstehen, die selbst nach sibirischen Maßstäben eisig sind: Die Durchschnittstemperaturen im Januar liegen zwischen etwa −27 °C und −50 °C.
Fotograf:
Diego Goldberg, Argentinien

• *Oben*

Generalsekretär Michail Gorbatschow wartet mit Außenminister Schewardnadse auf die Ankunft des französischen Premierministers Jacques Chirac. Der 15. Mai war ein arbeitsreicher Tag für den Generalsekretär, der sich morgens zwischen 9 und 10 Uhr in sein Büro im Kreml begibt und dort bis 8 Uhr abends bleibt. Durch seinen tatkräftigen Arbeitsstil ist Gorbatschow häufiger als seine Vorgänger in der Öffentlichkeit zu sehen. Trotzdem sind Privataufnahmen von ihm äußerst selten. Dem sowjetischen Fotografen Juri Abramotschkin wurden ganze 90 Sekunden für diese Aufnahme zugestanden.
Fotograf:
Juri Abramotschkin, UdSSR

• *Rechts*

Im Kosmonauten-Ausbildungszentrum Juri Gagarin proben der syrische Astronaut Munir Habib und sein russischer Kamerad Anatoli Solowjow für eine bevorstehende gemeinsame Mission zu der im Erdumlauf befindlichen Raumstation Sojus-Mir auf dem Simulator den Wiedereintritt in die Erdatmosphäre. In dem etwa 30 Kilometer außerhalb von Moskau in Swiosdny-Gorodok (Sternenstadt) gelegenen Schulungszentrum werden sowjetische und ausländische Kosmonauten auf Raumflüge vorbereitet. Die Starts selbst finden in einem abgelegenen Teil von Kasachstan, in Baikonur, statt.
Fotograf:
Roger Ressmeyer, USA

• *Nächste Doppelseite*

In einem luftleeren Tank wird die Schwerelosigkeit im All simuliert. Mit diesem Tank und dem Modell einer Mir-Raumstation üben die in Ausbildung befindlichen Kosmonauten eine Rettungsaktion mit null G. Eine echte Mir-Station befand sich mehr als 15 Monate in einer Erdumlaufbahn und hat damit einen neuen sowjetischen Rekord in der Raumfahrt aufgestellt.
Fotograf:
Roger Ressmeyer, USA

ОТКР.
ТЕРКОСМОС

Roger Ressmeyer

Jerry Valente

• *Vorangehende Doppelseite*

Nach einem Tag am Fließband kosten Arbeiter des Wolga-Automobilwerks in Togliatti einen Vorgeschmack des Arbeiterparadieses im Erholungsraum der Firma. Togliatti, die Autostadt der Sowjetunion, ist nach dem Mitbegründer der italienischen Kommunistischen Partei benannt. Das Autowerk wurde mit Hilfe des Fiat-Konzerns erbaut; das *dolce vita* ist kostenlos.
Fotograf:
Jerry Valente, USA

Links

Kinder der Schule Nr. 26 in Stawropol im Nordkaukasus lassen sich von der Quarzlampe bestrahlen – nicht um der Bräunung willen, vielmehr dient die Behandlung einem medizinischen Zweck: Man nimmt an, daß die Strahlung Vitamin-D-Mangel verhindern kann. Stawropol, die Heimatstadt von Generalsekretär Gorbatschow, leidet ohnehin nicht unter zu wenig Sonnenschein, wogegen in hoch im Norden gelegenen Städten wie Murmansk die Sonne im Winter zwei Monate lang überhaupt nicht aufgeht. Durch Schutzbrillen und einen auf den Fußboden gezeichneten Kreis, der den Mindestabstand zur Lampe markiert, wird sichergestellt, daß niemand eine Überdosis erhält.
Fotograf:
Wally McNamee, USA

Oben

Glasnost Schwarz auf Weiß: Fußgänger auf der Gorki-Straße, einer der Verkehrsadern Moskaus, studieren die Regierungszeitung *Iswestija* an einer Anschlagtafel. Ein volles Dutzend Zeitungen, darunter *Krasnaja Swesda* (Roter Stern, die Armeezeitung), *Sowjetski Sport* (Sowjetischer Sport) und *Selskaja Schisn* (Landleben), können von Fußgängern auf Hunderten von Anschlagtafeln in der ganzen Stadt gelesen werden. Früher pflegte man zu sagen, es sei keine *Prawda* (Wahrheit) in der *Iswestija* zu finden und keine *Iswestija* (Nachricht) in der *Prawda*, aber unter Gorbatschow ist die Presse in eine Periode nie dagewesener ehrlicher Berichterstattung eingetreten. Durch Reportagen über brisante Themen, die früher tabu waren – wie Stalinismus und Säuberung, Industrieunfälle wie die Nuklearkatastrophe von Tschernobyl, Korruption großen Ausmaßes und Jugendprobleme –, sind die Auflagen der führenden städtischen Tageszeitungen in schwindelnde Höhen geklettert.
Fotograf:
Juri Abramotschkin, UdSSR

СОК
виноградный
200 мл. 20к

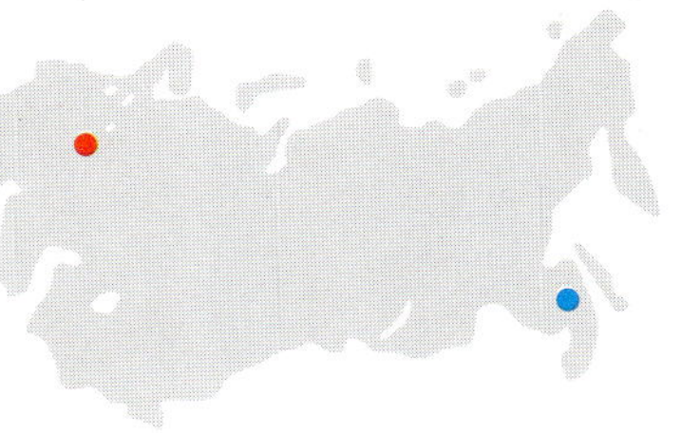

● *Links*

Diese Münzautomaten für *Sok* (Saft) geben ein Glas Traubensaft für 20 Kopeken (etwa 50 Pfennig) ab. Im allgemeinen liefern die Getränkeautomaten in der UdSSR nur das Mineralwasser oder den Saft selbst, aber keine Behältnisse. Statt dessen muß der Benutzer das zur Maschine gehörende Gemeinschaftsglas ausspülen. Ein eigenes Glas mitzubringen, ist nicht üblich und gilt als *Nekulturny,* ein Wort, mit dem die Russen ein Verhalten bezeichnen, das gegen ungeschriebene Gesetze des guten Benehmens verstößt.

Fotograf:
Paul Chesley, USA

● *Oben*

Jedes Mitglied der „Kämpfenden Freundinnen", eines Clubs von Veteraninnen des Zweiten Weltkriegs, ist Trägerin von mindestens acht militärischen Auszeichnungen. Während der großen Mobilmachung 1941–45 wurden sehr viele Frauen in der Armee und hinter den Linien eingesetzt. Ihre Heldentaten werden in zahlreichen beliebten Geschichten aus der Kriegszeit erzählt. Nachdem sie sich für ein Gruppenbild gestellt hatten, führten Tamara Nikolajewa (62) und Walentina Podomekina (65) aus dem Stegreif einen russischen Tanz vor.

Fotograf:
Fridrich Grinberg, UdSSR

15.15 Uhr

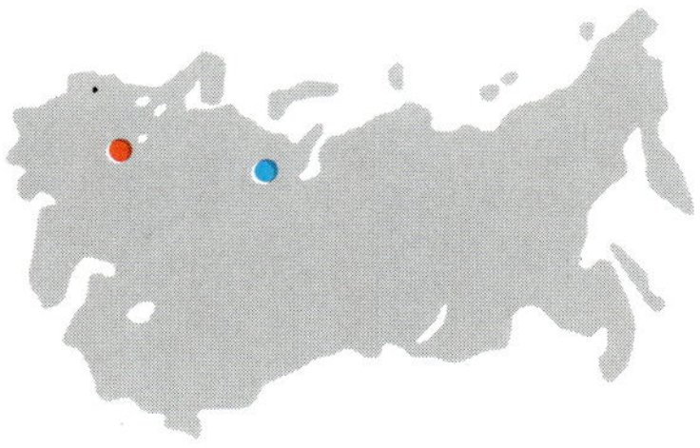

Links

Soldaten der Motorisierten Infanteriedivision in Tamanski bei Moskau zeigen auf einer Einsatzübung ihre Kampfentschlossenheit.
Fotograf:
D. Gorton, USA

Oben

Auch klirrende Kälte kann diese Bewohner des Dorfes Karataicha in Sibirien (650 Einwohner) nicht davon abhalten, ihren Bürgerstolz kundzutun.
Fotograf:
Boris Babanow, UdSSR

• *Rechts*

Ein junger Bodybuilder mit dem Spitznamen „Knast" (weil er beim Muskeltraining am liebsten allein ist) zeigt seinen prachtvollen Körper in einem Fitnesskeller in dem Moskauer Arbeitervorort Ljuberzy. Die jungen Rowdys aus diesem Viertel, als Ljuber bezeichnet, wurden bekannt, nachdem ein 1987 in der Zeitschrift *Ogonjok* (Lichtlein) erschienener Artikel sie als eine Rotte selbsternannter jugendlicher Ordnungshüter beschrieben hatte. Laut *Ogonjok* ziehen die Ljuber manchmal durch die Moskauer Straßen und belästigen Hippies, Punks, Heavy-Metal-Typen und andere Nonkonformisten.

Der Fotograf, der anonym bleiben möchte, berichtet: „Ich fragte ein paar durchtrainierte Jungs, wer denn der stärkste Ljuber sei, und sie sagten, das sei ein Mann mit dem Spitznamen Knast. Die Leute hatten Angst, mich zu ihm zu führen. Man sagte mir, diese Ljuber haßten alles Westliche und würden mich vielleicht zusammenschlagen, wenn ich ihnen sagte, für wen ich fotografiere. Als ich den Fitnesskeller schließlich fand, stand die Frau des Bodybuilders weinend draußen, weil sie dachte, er habe die Nacht dort mit einem Mädchen verbracht. Er hatte sich in dem Keller eingeschlossen und wollte nicht herauskommen. Es sah so aus, als würde ich ihn wohl nicht vor die Linse bekommen, bis ein paar Freunde die Frau wegbrachten, um sie zu trösten, und ich mich hineinschmuggeln konnte. Knast und seine Freunde waren beim Muskeltraining und hatten nichts dagegen, fotografiert zu werden. Sie waren stolz auf ihre Muskeln und freuten sich auf einen Bodybuilding-Wettbewerb, der in der kommenden Woche in Ljuberzy stattfinden sollte."

Fotograf:
Anonym, UdSSR

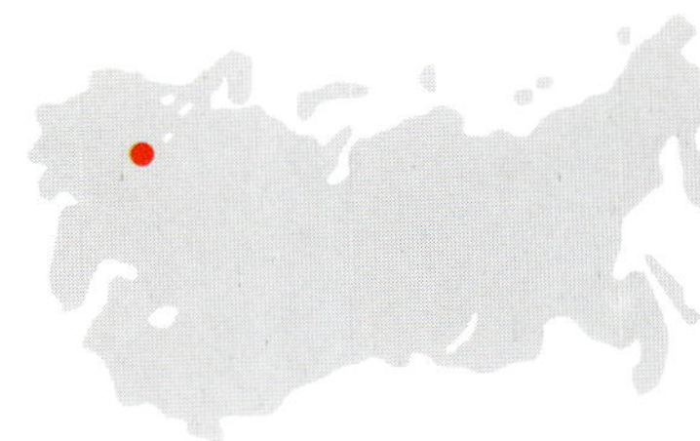

MR. OLYMPIA
"THE MUSCLE MIRACLE"

Am 15. Mai fuhr der mit dem Pulitzer-Preis ausgezeichnete Fotograf Eddie Adams zu einer Haftanstalt mittleren Sicherheitsgrades, dem Gefängnis in Wladimir, etwa 240 Kilometer östlich von Moskau. Es war das erste Mal, daß ein Fotojournalist die frühere Isolieranstalt in Alexandr Solschenizyns *Archipel Gulag* besuchen durfte.

„Als wir ankamen", berichtet Adams, „war mir überhaupt nicht klar, daß wir das Gefängnis vor uns hatten, denn das Gebäude war rosa angestrichen worden, mit grünen Türen und blauen Schmuckteilen."

Adams, dem für seine Aufnahmen 20 Minuten zugestanden wurden, stellte bald fest, daß jede Aufnahme, die er machten wollte, zuerst vom Aufseher genehmigt werden mußte. Bis er die Erlaubnis erhielt, hatte sich die Person bewegt oder war verschwunden, und die Aufnahme war verloren. Nach Ablauf der Aufnahmezeit machte Adams seiner Frustation Luft. „Ich sagte ihnen, ich hielte sie für dumm, daß sie mir nicht erlaubten, die Bilder zu schießen, die ich wollte, da das Gefängnis doch recht gut aussehe." Nach langem Hin und Her konnte Adams die Beamten schließlich bewegen, ihn nach Wladimir zurückzubringen.

„Also gingen wir in das Gefängnis zurück ... in eine Fabrik auf dem Gelände, in dem die Gefangenen arbeiteten. Es sah aus wie zur Zeit der Depression. Ich war höchstens 5 Minuten dort. Es war sehr dunkel; kaum irgendwo Licht, und ich habe wie wild drauflosfotografiert. Dieses schien endlich doch das wahre Wladimir zu sein."

• *Links*

Nach dem Mittagessen – und der heftig vorgetragenen Beschwerde des Fotografen über die Behinderung bei seiner Arbeit – ließ man Adams in den Maschinensaal des Gefängnisses, wo die Insassen Türgriffe, Schraubenschlüssel und andere Werkzeuge anfertigten.
Fotograf:
Eddie Adams, USA

• *Oben*

Vor dem Mittagessen: Dem Fotografen Eddie Adams wurde diese idyllische Szene vorgeführt, in der die Insassen im sonnendurchfluteten Hof des Gefängnisses vergnüglich schmökern.
Fotograf:
Eddie Adams, USA

• *Oben*

In der Reparaturwerft Iljitschewsk in Odessa am Schwarzen Meer entfernen Arbeiter durch Sandstrahlen die alte Farbe vom Rumpf des Frachters, bevor er einen neuen Anstrich erhält. Odessa ist einer der bedeutendsten Häfen der Sowjetunion. Im Gegensatz zu den Städten an der Nordküste der UdSSR bleibt er fast den ganzen Winter über eisfrei.
Fotograf:
Andy Levin, USA

• *Rechts*

Eine Brigade Netzweberinnen der Fischereikolchose entspannt sich am Ende des Arbeitstags in dem Dorf Osersk auf der Insel Sachalin. Diese gebirgige, 76 000 Quadratkilometer große Insel war in der Zarenzeit eine berüchtigte Strafkolonie. 1983 kam der Flug Nr. 007 der koreanischen Luftfahrtgesellschaft über Sachalin vom Kurs ab und wurde von einem sowjetischen Kampfflugzeug abgeschossen.
Fotograf:
Igor Gawrilow, UdSSR

Kaliningrad, RSFSR Jan Tichonow, UdSSR

Moskau, RSFSR Raphaël Gaillarde, Frankreich

Grosny, RSFSR Gerrit Fokkema, Australi

Minsk, Weißrussische SSR Pat Field, USA

Minsk, Weißrussische SSR Pat Field, US

Chabarowsk, RSFSR Dilip Mehta, Kanada

Narim, RSFSR Sergej Edischeraschwili, UdSSR

Oben

KRASNOJARSK! Überdimensionale Leuchtbuchstaben beleben einen Verkehrskreisel und stärken den Bürgerstolz in der sibirischen Stadt Krasnojarsk. Einwohnerzahl: 800 000.
Fotograf:
Felix Solowjow, UdSSR

Rechts

Für junge Arbeiter, die das lange Warten auf eine neue Wohnung leid sind, gibt es eine Alternative: Bau dein Haus selbst. Eigenbauer müssen auch selber das Baumaterial und die Helfer besorgen. Das Grundstück bleibt Eigentum der Regierung, der jeder Quadratmeter Boden in der Sowjetunion gehört und die somit der größte Grundbesitzer der Welt ist.
Fotograf:
Felix Solowjow, UdSSR

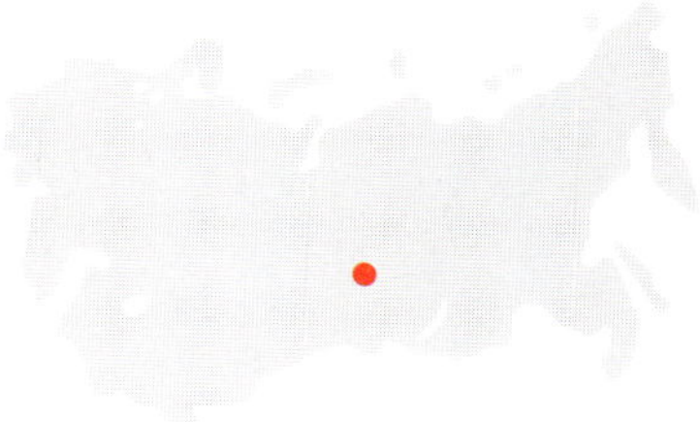

Oben

Ein buntes Beieinander von *Datschas*, Landhäusern, an einen Hang bei Kasan in Zentralrußland gebaut. Die Bewohner zahlen für das Grundstück eine niedrige Grundsteuer und können ansonsten ganz nach Belieben darauf bauen. Der Besitz einer *Datscha* – wellblechgedeckter Häuschen wie hier ebenso wie geräumiger, vorrevolutionärer Anwesen – ist ein besonderes Privileg in einem Land, in dem Wohnraum noch immer knapp ist.

Fotograf:
Bernd-Horst Sefzik, DDR

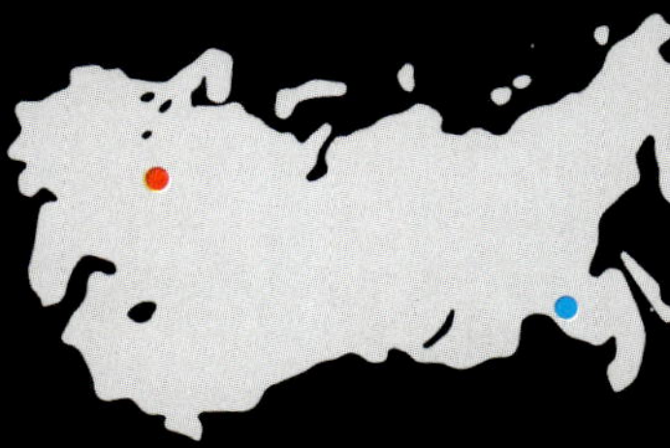

Oben

Eintönige Zeilen riesiger Wohnblocks entlang der Krasnaja Presnja Avenue in Tinda im sowjetischen Fernen Osten. Der Druck, mehr Wohnraum zu schaffen, ist gewaltig, besonders in rasch aufblühenden Industriezentren wie diesem, und oft werden komplette Wohnviertel fertiggestellt, bevor die notwendige Versorgung mit Geschäften, Telefonleitungen und Buslinien gewährleistet ist. Allein im Jahr 1985 wurden auf einer Fläche von etwa 90 Millionen Quadratmeter neue Wohnhäuser bezugsfertig.
Fotograf:

Links

Vorschulkinder spielen auf dem Dach des Kindergartens Nr. 188 im fernöstlichen Chabarowsk. Die Haarschleife ist bei allen sowjetischen Mädchen im Vorschulalter ein unentbehrliches Kennzeichen.
Fotograf:
Dilip Mehta, Kanada

Oben

Der kleine Knirps Karim Schamsijew trinkt aus der Wasserleitung in der Kolchose Russija bei Duschanbe, der Hauptstadt Tadschikistans.
Fotograf:
Jim Richardson, USA

● *Oben*

Kundinnen in einem Leningrader Damensalon warten, bis die neue Frisur trocken ist. Wie viele sowjetische Frauen legt auch die *Blondinka* in der Mitte Wert auf eine Dauerwelle.
Fotograf:
Mark S. Wexler, USA

● *Rechts*

Frauen beim Qualitätsvergleich im Textilgeschäft Moda in Moskau. Dieses Gedränge ist in der Sowjetunion ein vertrauter Anblick. Der zentral gelenkten sowjetischen Planwirtschaft ist es bisher nicht gelungen, ein ausreichendes Angebot an Konsumgütern zu schaffen. Die Folge sind ständige Verknappungen und ein entsprechender Andrang, wann immer eine erwünschte Ware irgendwo zu haben ist. Ein weiteres Problem ist die schon fast byzantinische Kompliziertheit des Einkaufs selbst in einem sowjetischen Laden: Um zum Beispiel einen Büstenhalter zu kaufen, muß man sich dreimal anstellen – einmal zum Auswählen der Ware, dann an der Kasse und schließlich auch noch an der Warenausgabestelle.
Fotografin:
Sarah Leen, USA

• *Rechts*

Eine Kundin in Leningrad bei der Pediküre.
Fotograf:
Mark S. Wexler, USA

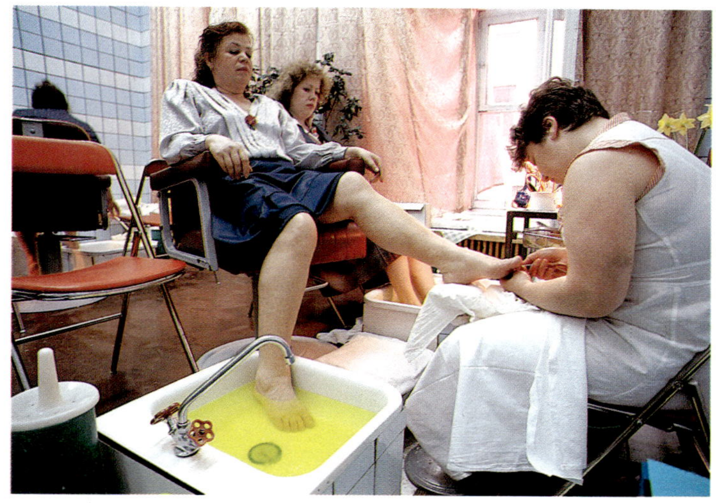

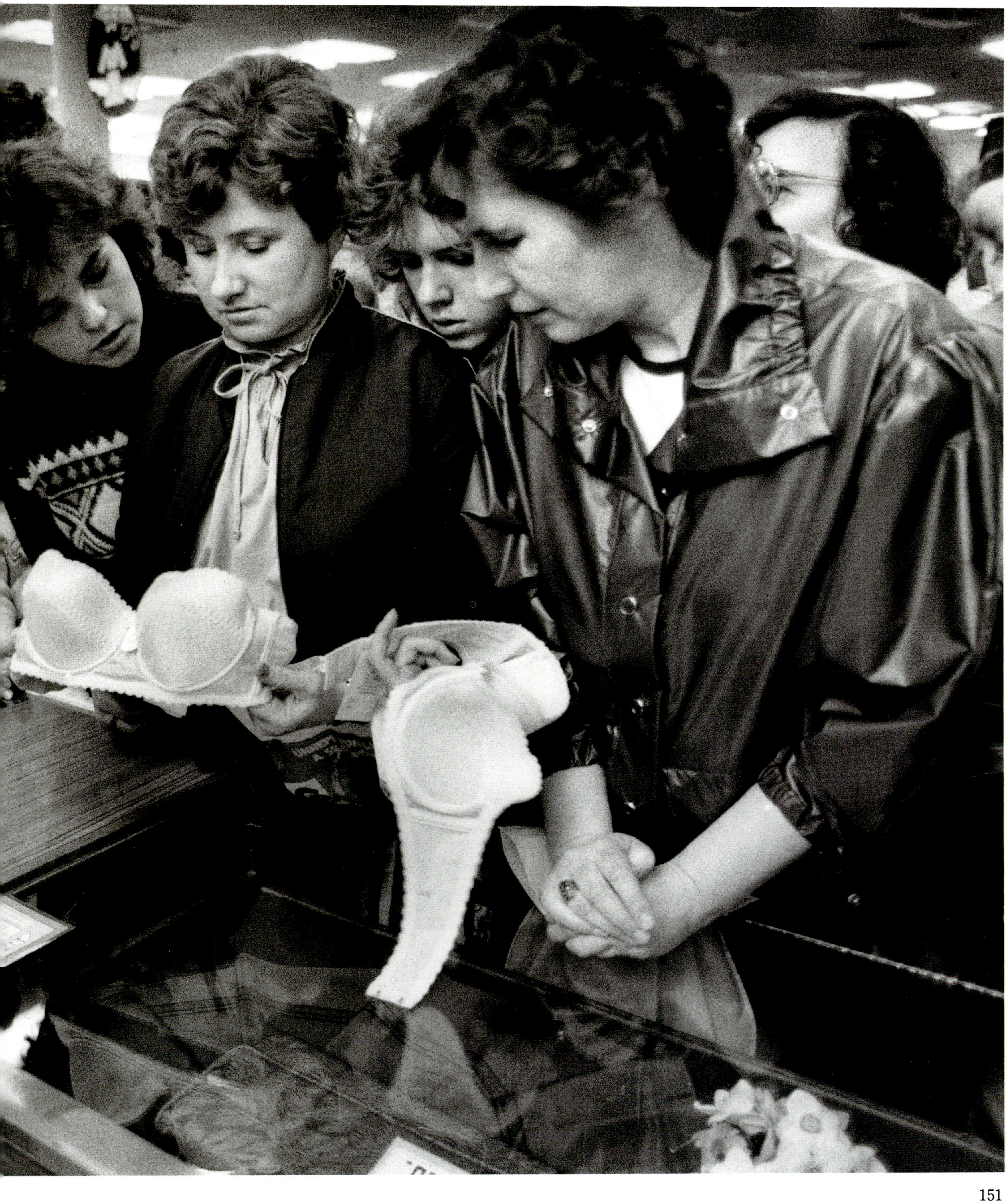

• *Links*

Torwart Vitali Rewa, 12 Jahre alt, rettet in einer spektakulären Parade beim Fußballtraining seiner Schule im ukrainischen Dnepropetrowsk.
Fotograf:
Sergej Gunejew, UdSSR

• *Links*

Tschenburi-Training in der Nähe von Suchumi im westlichen Kaukasus, am Ostufer des Schwarzen Meeres. Die meisten Städte der Region unterhalten Teams, die diese alte persische Form des Polo spielen.
Fotograf:
Steve Krongard, USA

• *Oben*

Eifriges Training im Kultur- und Sportpalast von Minsk, der eines der 2500 Schwimmbäder in der Sowjetunion beherbergt.
Fotograf:
Pat Field, USA

17.15 Uhr

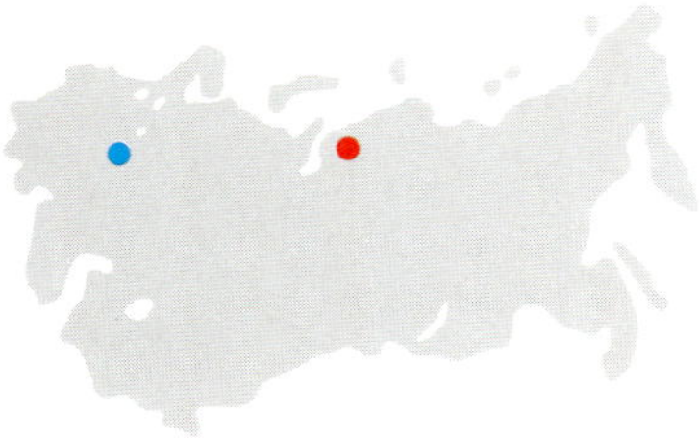

• *Oben*

Schnee fällt auf die arktische Stadt Dickson; die Temperatur: eisige −30 °C.

„Durch die Kälte", schrieb einmal ein Besucher des hohen Nordens, „wird sich der Neuling erstmals seiner Nase bewußt; jedes Härchen darin friert in einer Sekunde steif. Bei jedem Einatmen spürt man die Haare. Natürlich kann man seinen Atem sehen, aber noch viel verblüffender ist, daß man ihn zu Eis gefrieren hören kann."

Fotograf:

Pawel Kriwzow, UdSSR

• *Rechts*

Auf dem Platz vor dem Lenin-Stadion, einem Treffpunkt der Moskauer Skateboard-Freunde, zieht Wladimir Morosow im hellen Sonnenschein seine Kreise. Der 19jährige Student erzählt, daß er früher hier mit all seinen Freunden Skateboard gefahren sei, aber viele von ihnen jetzt ihren Wehrdienst ableisteten.

Fotograf:

Torin Boyd, USA

● *Oben*

Durch leichtes Ballspiel sollen ältere Patienten im Institut für Gerontologie ihre Reflexe trainieren. Das in Kiew ansässige Institut ist auf die Rehabilitation von Patienten mit Parkinsonscher Krankheit spezialisiert und führt intensive Forschungsarbeiten über Langlebigkeit und Alterungsprozeß durch.
Fotograf:
Matthew Naythons, USA

● *Rechts*

Die Einwohner Leningrads müssen acht Monate im Jahr in kühler Witterung ausharren und werden darum bei jeder sich bietenden Gelegenheit zu eifrigen Sonnenanbetern. Für viele Wasserfreunde der Stadt liegt der Strand ihrer Wahl vor der Peter-und-Paul-Festung. Die von Peter dem Großen im Jahre 1703 auf einer Insel in der Newa erbaute Feste diente vor der Revolution als Gewahrsam für politische Gefangene.
Fotograf:
David Hume Kennerly, USA

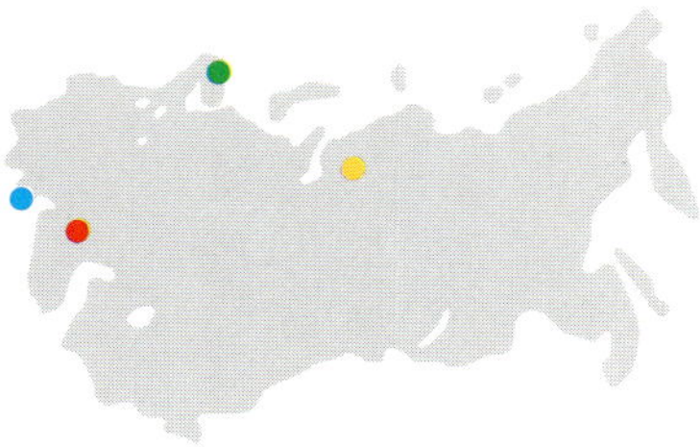

• *Ganz oben*

Wenn die Frühlingssonne endlich scheint, lockt eine Parkbank in Wolgograd (dem früheren Stalingrad). Schuhe ausgezogen und den Kopf zurückgelehnt ...
Fotograf:
David C. Turnley, USA

• *Oben*

Diese Sonnenanbeter in Jalta scheint das *Remont* – das allgegenwärtige russische Wort für die fast unablässig durchgeführten Reparaturarbeiten – nicht zu stören. Im Februar 1945 war dieser Krim-Badeort Schauplatz der Jalta-Konferenz, auf der Stalin, Roosevelt und Churchill die künftige Gestalt Europas beschlossen.
Fotograf:
Arthur Grace, USA

● *Unten*

Die Beteiligung am Treffen des Walroß-Clubs von Murmansk im hohen Norden am 15. Mai war nur schwach: Die Mitglieder beklagten sich, daß 1 °C für ernsthaftes Schwimmen viel zu warm sei. Nach ihrem Bad laufen diese „Walrösser" im Joggingtrab nach Hause, nur mit Badeanzug und Turnschuhen bekleidet.
Fotograf:
Jan Morek, Polen

● *Rechts*

Ein nasser Frühlingsschneesturm fällt in die Innenstadt von Norilsk im nördlichen Zentralsibirien ein.
Fotograf:
Wladimir Fedorenko, UdSSR

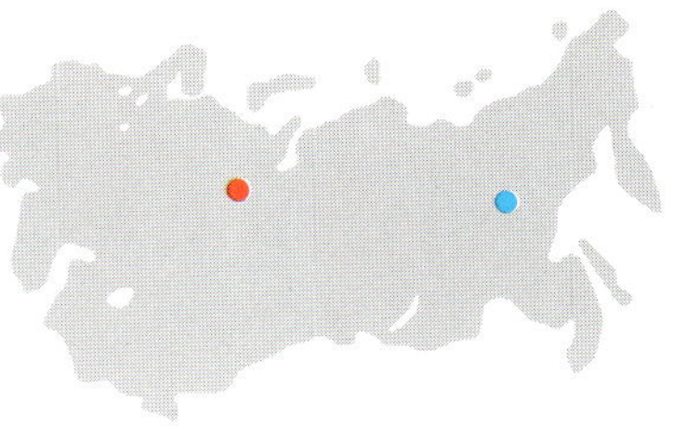

• *Links*

Mit der zeremoniellen Maske in der Hand pausiert ein Jäger beim Bärenfest, einer traditionellen Festveranstaltung der Chanty in dem Dorf Tiltim. Eingedenk der ihm gestellten Aufgabe schloß sich der sowjetische Fotograf Boris Babanow einer vom Institut des Nordens in Swerdlowsk ausgestatteten Expedition an, die die Auswirkungen der modernen Zivilisation auf die Ureinwohner des Nordens untersuchen sollte. Die Reise führte ihn im Hubschrauber über Hunderte von Kilometern über die Taiga und schließlich zu dieser kleinen Ansiedlung im nördlichen Ural.
Fotograf:
Boris Babanow, UdSSR

• *Oben*

Eltern holen ihre Kinder in einem *Detski Sad* (Kindergarten) im sibirischen Jakutsk ab. Der Staat hat zunehmend die Rolle der *Babuschka* übernommen, die sich früher um die Enkelkinder kümmerte, während deren Eltern zur Arbeit waren. Überall in den Städten, in denen berufstätige Ehepaare die Regel sind, bringen zwei Drittel aller Kinder den Tag in *Jasli* – Tagesstätten für Kinder im Alter von drei Monaten bis zu drei Jahren – und in Kindergärten zu. Diese Kinder werden zum Schutz gegen den kalten sibirischen Frühling fest eingemummt – selbst im Winter schließen die Schulen erst bei – 50 °C.
Fotograf:
Diego Goldberg, Argentinien

• *Oben*

Pendler bei der Ankunft auf dem Jaroslawl-Bahnhof in Moskau, Endstation ebenso für Fernzüge aus dem hohen Norden, aus Peking und Ulan-Bator wie für Vorortzüge. Die Transsibirische Eisenbahn aus Wladiwostok läuft hier täglich um 16.30 Uhr ein – normalerweise genau fahrplanmäßig nach einer Reise von sieben Tagen Dauer.
Fotograf:
Paul Chesley, USA

• *Rechts*

Zwei burjätische Schulkinder in der *Tramwai* auf dem Heimweg von der Schule in Ulan-Ude nahe der mongolischen Grenze. Nach Ulan-Ude kommen nicht viele ausländische Besucher, und der Fotograf Seny Norasingh, heute US-Bürger, aber aus Laos gebürtig, wurde häufig entweder für einen Ortsansässigen oder aber für einen prominenten Besucher aus Vietnam gehalten. Einmal baten zwei alte Frauen Norasingh, der einen Seidenschal trug, den ihm der hiesige buddhistische Lama geschenkt hatte, um seinen Segen. Norasingh legte seine Kamera für ein paar Minuten beiseite und erfüllte den Wunsch – in fließendem Laotisch.
Fotograf:
Seny Norasingh, USA

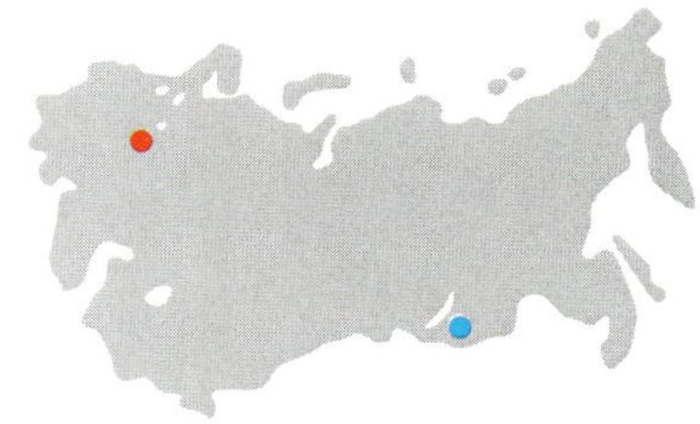

П.С.СТОЛЯРСКИЙ С УЧАЩИМИСЯ ШКОЛЫ

• *Links*

Bella Abowskaja, Schülerin an der Musikschule in Odessa am Schwarzen Meer.
Fotograf:
Andy Levin, USA

• *Oben*

Gymnastikschülerinnen in einer Sportschule für Kinder in Wolgograd (dem früheren Stalingrad) bei eifrigen Turnübungen am Hochreck. In dieser Schule, die neben der Vermittlung des normalen Grundschullehrstoffs ein straffes Sporttraining durchführt, erhielt der Fotograf David C. Turnley Einblick in das System, das eine Olga Korbut und viele andere international erfolgreiche Sportler hervorgebracht hat. Die Sportschulen bieten den sowjetischen Trainern die Möglichkeit, talentierte junge Menschen im ganzen Land von klein auf zu fördern.
Fotograf:
David C. Turnley, USA

Oben

An einem milden sibirischen Frühlingstag stemmt der pensionierte Ingenieur Alexandr Worobjow (63) in einem Park von Nowosibirsk einen Stein als Ersatzhantel.
Fotograf:
Douglas Kirkland, Kanada

Rechts

Der Bildhauer Iwan Misko formt den bärenstarken Körper des Ringers und Olympiasiegers Alexandr Medwed in seinem Minsker Atelier nach. Miskos Skulpturen, kraftvolle und schlichte Abbilder sowjetischer Helden, wie zum Beispiel Astronauten und Sportler, gehören der konservativen Stilrichtung des Sozialistischen Realismus an. Dieser Kunststil wurde im Jahre 1932 offiziell festgelegt. Zwar können sich die Mitglieder der Vereinigung sowjetischer Künstler heute wieder in zahlreichen Neuerungen und Abstraktionen ergehen, die während der Stalin-Ära als dekadenter bourgeoiser Individualismus verdammt worden wären, doch sind die meisten „offiziellen" Kunstwerke weiterhin repräsentativ in der Form und didaktisch ihrem Inhalt nach.
Fotograf:
Juri Iwanow, UdSSR

САЛЮТ - СОЮ

Sireniki, RSFSR Wladimir Wjatkin, UdSSR

Arschanowo, RSFSR Ivo Hadschimischew, Bulgarien

Karataicha, RSFSR Boris Babanow, UdSS

Tiflis (Thilissi), Georgische SSR Stephanie Maze, USA

Samarkand, Usbekische SSR Gerd Ludwig, Bundesrepublik Deutschla

[illegible] Frans Lanting, Niederlande

Moskau, RSFSR Rick Smolan, USA

Wilna (Wilnius), Litauische SSR Dana Fineman, USA

• *Oben*

Akkordeon 101: Schüler der Musikschule im estnischen Tallin üben unter den Augen Tschaikowskys. Das Akkordeon gehört nicht zu den traditionellen russischen Musikinstrumenten und wurde erst nach dem Zweiten Weltkrieg populär, als die Länder des Baltikums annektiert wurden.
Fotograf:
Raphaël Gaillarde, Frankreich

• *Rechts*

Jugend kennt keine Grenzen: Dima Iwanow während einer kurzen Pause beim „amerikanischen" Billard – die Amerikaner nennen es „Acht-Kugel-Billard" – in einer Billardhalle in der Nähe des Strandes von Odessa am Schwarzen Meer.
Fotograf:
Andy Levin, USA

Das *Banja* oder Badehaus ist ein dampferfüllter Hort der Geselligkeit und Erfrischung, der seit dem 11. Jahrhundert ein fester Bestandteil des täglichen Lebens russischer Gemeinden ist. Ursprünglich war das *Banja* eine kleine Blockhütte mit nur einem Raum in der Nähe der *Isby* (Hütten) der Bauern. Die Krönung eines *Banja* aber ist das berühmte Moskauer Sandunow-Bad, der hier gezeigte elegante und kunstreiche Bau.

Beim Eintritt in das Sandunow-Bad grüßt die Haupttreppe müde und staubige Moskowiter wie seit jeher mit einer Orgie von gipsernen Cherubimen und Rokoko-Wandgemälden. Ein ältlicher Rentner nimmt den bescheidenen Eintrittspreis von Offizieren, Arbeitern und Bürokraten entgegen, die sich dann in den holzgetäfelten Umkleideraum begeben.

Gebadet wird, wie immer schon, unbekleidet – Rang und Stand werden an den „Nagel" gehängt, wo sich die Uniform des Obersten friedlich neben schmutziger Arbeitskleidung ausruht. Der *Mylnaja* (Waschraum) zeigt denn auch eine Szene jener Ursprünglichkeit, wie man sie überall an ähnlichen Orten findet: nackte Körper von erstaunlich unterschiedlichem Alter und Zustand, alle eifrig das gleiche Ziel verfolgend – sich vom Staub und Schmutz eines arbeitsreichen Alltags zu reinigen.

Das Herz des *Banja* aber ist der *Parilnja,* der Dampfraum. Hier kulminiert der Waschvorgang zu einem fast mystischen Akt der Selbstreinigung. Die einzigen vernehmbaren Geräusche sind das Zischen des Dampfs aus dem riesigen offenen Ofen mit den aufgeheizten Steinen und das Klatschen der *Veniki* (Bündel von Birkenreisig) auf der nassen Haut. (Das Peitschen des Körpers mit Reisig regt den Blutkreislauf an und verleiht der Luft einen angenehm würzigen Holzgeruch.) Die wirkliche Tortur aber findet auf stufenweise ansteigenden hölzernen Plattformen statt. Mit jeder Stufe aufwärts scheint die Temperatur unerträglicher zu werden. Die Wirkung ist eine ganz andere als die der trockenen Hitze einer finnischen Sauna. Durch die Feuchtigkeit erscheint die Luft viel heißer und benimmt einem den Atem, besonders wenn die Badenden fortwährend Kübel um Kübel Wasser auf die heißen Steine schütten mit dem gemeinsamen Ruf *„Potepleje!"* – was wörtlich übersetzt

„Etwas wärmer!“ heißt, in Wirklichkeit aber bedeutet: so heiß, wie man es nur irgend aushält.

Erlösung von dem Inferno des Dampfraums suchen die Badenden dann durch einen Sprung in das eiskalte Wasser des Beckens. Danach kommt das Paradies des Umkleideraums, wo man viel Zeit vertrödelt mit Plaudern und Diskutieren bei getrocknetem salzigem Fisch (um den Salzverlust durch das Schwitzen auszugleichen) und der heimlichen Flasche Bier oder Wodka. Will man das tägliche Leben in der Sowjetunion kennenlernen, gibt es keinen besseren Ort als den in einer Gruppe von Männern oder Frauen, die nach dem reinigenden Bad für Körper und Seele in der ungezwungenen Vertrautheit der Bäder Entspannung finden.

• *Vorangehende Seiten*

Beim Einseifen im *Mylnaja* (Waschraum) des Sandunow-Bads. An den Wänden entlang gibt es Duschen, aber richtig „eingeweicht“ wird man hier auf den Marmorbänken. Für das Waschwasser stehen Plastikeimer bereit, Seife und Shampoo bringen sich die meisten Besucher selbst mit.

Die ionischen Säulen um das Schwimmbecken herum erinnern an den vorrevolutionären Glanz des Bads. Auch wenn es nicht den Eindruck macht – das Wasser wurde seit der Regierungszeit Nikolaus' II. tatsächlich schon ausgetauscht: Die grüne Färbung rührt von den duftenden Birkenblättern her, die nach der Sitzung im Dampfraum noch an der Haut haften.
Fotograf:
Neal Slavin, USA

Links oben

Im Dampfraum peitscht ein Mann seinen Freund mit einem *Venik,* einem Bündel trockenen, aber nicht entlaubten Birkenreisigs, um den Blutkreislauf anzuregen. Je nach Intensität der Behandlung kommen die Opfer mit einer verblüffenden Vielfalt von Farbtönen auf der Haut aus dem Dampfraum heraus, von zartestem Rosa bis zu feurigem Rot.
Fotograf:
Neal Slavin, USA

Links unten

Nach der Hitze des Dampfraums entspannen sich die Besucher in dem stilvollen Umkleideraum des Sandunow-Bads. Bedienstete reichen ihnen togaartige Tücher, in die sie sich hüllen, und für ein paar Rubel bringen sie ihnen auch noch Bier oder Wodka. Ein kompletter „Badedurchgang" ohne alle Hast nimmt fast einen halben Tag in Anspruch.
Fotograf:
Neal Slavin, USA

Unten

Ein Besucher rasiert sich in einem Winkel des Waschraums. Die meisten Bäder bieten eine Reihe von Dienstleistungen an, wie Haarschnitt, Pediküre und Massage.
Fotograf:
Neal Slavin, USA

Nächste Doppelseite

Kühle Erfrischung nach der atemberaubenden Hitze des Dampfbads.
Fotograf:
Neal Slavin, USA

Neal Slavin

• *Unten*

Businsassen erdulden die *Tschas Pik* im fernöstlichen Chabarowsk, die russische Stoßzeit. In einem Land mit wenig Privatautos spielen öffentliche Verkehrsmittel eine lebenswichtige Rolle. Bei einem Preis von 5 Kopeken (etwa 14 Pfennig) pro Fahrt stellen sie auch ein nicht unterbietbares Angebot dar, außer während der *Tschas Pik,* wenn der Platz oft nicht ausreicht. Da hilft nur Schieben und Drücken, und die Sowjets erweisen sich dann als Experten in der Kunst, eine Höchstzahl von Menschen auf kleinstmöglichem Raum unterzubringen. Die gebrechliche *Babuschka,* die auf wackligen Beinen der Bushaltestelle zustrebte, entwickelt nach dem Besteigen des Busses die Standhaftigkeit und Schläue eines kampferprobten Fußballverteidigers.
Fotograf:
Dilip Mehta, Kanada

Oben

Moskauer Pendler in der U-Bahn. Die schmucke und höchst effiziente Metro, deren Bau 1930 unter der Leitung von Stalins engem Genossen Lazar Kaganowitsch – und eines jungen Funktionärs namens Nikita Chruschtschow – begonnen wurde, ist eine der stolzesten Errungenschaften der Sowjetunion. Die Namen der Stationen lesen sich wie eine Stichwortliste der nationalen Geschichte: Marx-Prospekt, Oktober, Platz der Revolution, Lenin-Bücherei usw.
Fotograf:
Paul Chesley, USA

Nächste Doppelseite

Sprung in die Zukunft: Großbaustelle eines Wohnkomplexes im Bezirk Trojeschtschina am Stadtrand von Kiew.
Fotograf:
Oleg Homola, Tschechoslowakei

Oleg Homola

Oben

Sanitäter in Baku am Kaspischen Meer warten auf den nächsten Einsatz in einem medizinischen Notfall. Der Notdienst ist ähnlich organisiert wie in Amerika, aber im Gegensatz zu ihren amerikanischen Kollegen machen sowjetische Ärzte noch gelegentlich Hausbesuche. In der Ölstadt mit ihren 1,7 Millionen Einwohnern war der 15. Mai ein ruhiger Abend mit wenigen Unfällen und Verletzten, so daß nur einige Ambulanzen ausrücken mußten.

Fotograf:
George Steinmetz, USA

Rechts

Wladimir Salenski pflegt seine bettlägerige Frau. Mit 99 Jahren ist er der älteste Einwohner von Krasnojarsk (Ostsibirien) und hat die meisten großen Umwälzungen miterlebt, die die Sowjetunion im 20. Jahrhundert geprägt haben. Er kämpfte im Ersten Weltkrieg, in der Revolution und im Bürgerkrieg. Salenski wirkt noch immer bei örtlichen Aktivitäten der Kommunistischen Partei mit, und Plakate mit seinem Bild und seinen Worten sind in vielen Straßen von Krasnojarsk zu sehen. Alte Bolschewisten wie Salenski, die ihren Beitrag zur Geschichte geleistet haben, werden für ihre Verdienste reich belohnt: durch hohe Renten, niedrige Mieten, kostenlose Reisen in der ganzen Sowjetunion, freie Kuraufenthalte, Behandlung in den besten Krankenhäusern und vor allem verbilligte Nahrungsmittel. Laut Aussage des Fotografen Solowjow hatte Salenski nur eine einzige Beschwerde vorzubringen: daß die Partei ihm nicht genügend Gelegenheit zur ehrenamtlichen Mitarbeit gebe.

Fotograf:
Felix Solowjow, UdSSR

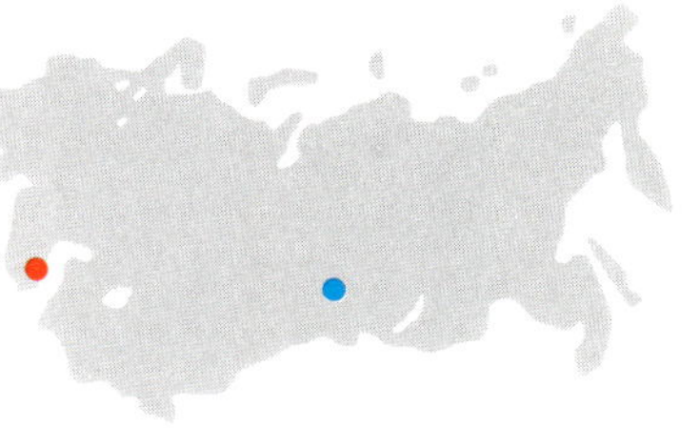

НО-ШПА
БИСАКОДИЛ
Бунарбан

• *Oben*

Kriegsveteran Konstantin Timtschenko und seine Frau stellen sich in Wolgograd (dem früheren Stalingrad) zu einem Doppelporträt mit Tulpen.
Fotograf:
David C. Turnley, USA

• *Rechts*

Nadja Zagirischwili (78) hat großes Glück gehabt. Sie ist eine der wenigen Frauen über 65, deren Männer noch am Leben sind. Der Große Vaterländische Krieg (der Zweite Weltkrieg) hat, ebenso wie die Säuberungen der Stalin-Jahre, in ihrer Altersgruppe Millionen von Witwen hinterlassen. Hier feiern Nadja und ihr Mann Sewerjan ein seltenes Ereignis in ihrer Heimatstadt Tiflis (Tbilissi) in Georgien: ihren 50. Hochzeitstag.
Fotografin:
Stephanie Maze, USA

● *Ganz oben*

Ein ruhiger Nachmittag im Haus des georgischen Filmregisseurs Keti Dolidse in Tiflis (Tbilissi).
Fotograf:
Nikolai Gnisjuk, UdSSR

● *Oben*

Daheim in ihrem *Balok* (mobilen Haus) in Chatanga im Norden Sibiriens widmen sich der Nganasany-Jäger Stepan Protow und seine Frau Wera ihren Kindern mit der gleichen Zuwendung wie alle liebenden Eltern dieser Welt.
Fotograf:
Alexandr Poljakow, UdSSR

● *Rechts*

Der 15. Mai war Nonna Pokrowskajas Geburtstag, und sie bat deshalb die Fotografin Nicole Bengiveno, von ihr und ihrem Sohn in dem eleganten Hotel Ewropejskaja in Leningrad ein Porträt aufzunehmen.
Fotografin:
Nicole Bengiveno, USA

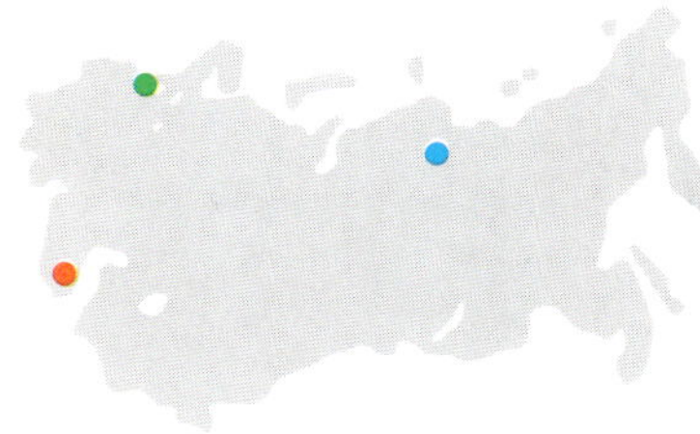

James Balog

Vorangehende Doppelseite

Tipy Bedotkin läßt diese Herde von 600 Gorno-Altai-Ziegen in den schroffen Vorbergen des Altai-Gebirges in Südsibirien weiden. Eine staatliche Farm überwacht die Aufzucht, das Scheren und schließlich das Schlachten dieser Sonderrasse. Die daunenartige Wolle der Tiere wird verwoben und das Fleisch für Gerichte der regionalen Küche verwendet.
Fotograf:
James Balog, USA

Unten

Der Jäger und Fallensteller Michail Degtjarew lebt mehr als 750 Kilometer nördlich des Polarkreises. Er kam 1950 als Junge nach Dickson und verdient heute seinen Lebensunterhalt mit dem Verkauf der wertvollen Pelze von Zobeln und Polarfüchsen. Nordsibirien ist eine der letzten Gegenden der Erde, wo noch ein Leben als Pionier möglich ist, und diejenigen, die freiwillig dorthin gehen, erleben oft ein großes Gefühl von Freiheit, fern von aller Bürokratie. Obwohl diese kleine abgelegene Gemeinde entlang der nördlichen Seeroute sich bereits vor mehr als 400 Jahren hier ansiedelte, vermittelt sie noch immer den Eindruck einer Grenzstadt.
Fotograf:
Pawel Kriwzow, UdSSR

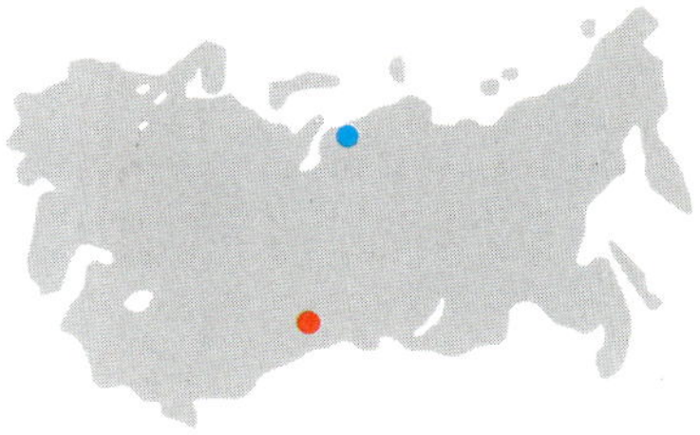

• *Links*

Zeit und Gezeiten warten auf niemanden: Lange Schatten zeichnen das Ende des Tages auf den Strand bei Suchumi, einem Badeort am Ostufer des Schwarzen Meeres. Suchumi ist der wärmste und sonnigste Fleck am Schwarzen Meer, und seine Straßen säumen Zitrusbäume, Bananenstauden und Palmen. Am 15. Mai 1987 kletterte die Temperatur auf 30 °C.
Fotograf:
Steve Krongard, USA

Oben

Osten ist Osten: Eskimo-Kinder schleudern Kiesel ins Wasser der Beringstraße, während sie auf die Heimkehr ihrer Väter und Brüder von der Robbenjagd warten. Nur knapp 130 Kilometer trennen die Eskimos aus Sireniki von ihren Verwandten auf der zu Alaska gehörenden St.-Lawrence-Insel.
Fotograf:
Wladimir Wjatkin, UdSSR

Rechts

Und Westen ist Westen: Auf einer kleinen Ostseeinsel sammeln Raina Laos und ihre Schulkameradinnen Seemöweneier, während ihre Väter noch draußen auf dem Meer sind. Die Mädchen leben in einem kleinen Fischerdorf von 500 Einwohnern auf der Insel Kichnu vor der Küste Estlands.
Fotograf:
Juri Wendelin, UdSSR

Nicole Bengiveno

Vorangehende Doppelseite

Fußgängerunterführungen durchziehen den Untergrund aller größeren sowjetischen Städte und bieten Schutz gegen die scharfe Kälte im Winter, einen Ausweg aus den strengen Vorschriften gegen das unberechtigte Überqueren von Autostraßen und Zuflucht vor den meist wenig rücksichtsvollen Autofahrern. Unter der Erde finden die Fußgänger Kioske, in denen vom Lotterielos bis zum Speiseeis fast alles angeboten und verkauft wird.

Fotografin:

Nicole Bengiveno, USA

Links

Marinekadetten entspannen sich im Offiziersklub des Militärdistrikts Leningrad, indem sie dem Vorbild der zwei Herren auf dem Bild an der Wand folgen, dem Schriftsteller Maxim Gorki und dem politischen Strategen Wladimir Lenin. Die Dame ist Lenins Frau und Mitrevolutionärin Nadeshda Krupskaja.

Fotograf:

David Hume Kennerly, USA

Oben

In einem stillen Winkel des Armenischen Orthodoxen Seminars in der alten heiligen Stadt Etschmiadsin studieren der Klavierschüler Grichor Analjan aus Beirut, Seminarist im dritten Jahr, und sein Lehrer Tatewos Asmarjan eine schwierige Passage ein.

Fotograf:

Oleg Makarow, UdSSR

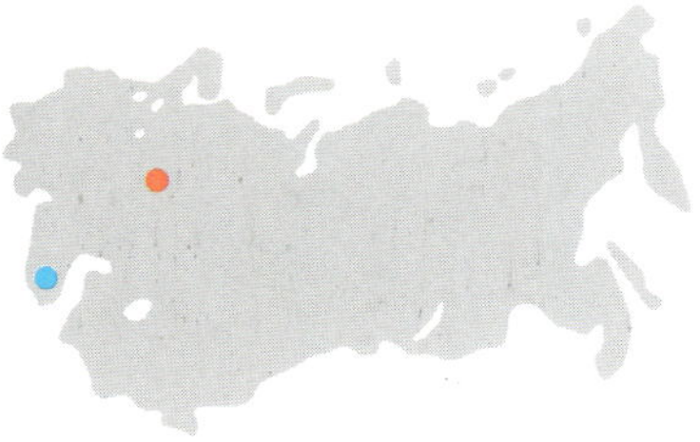

• *Links*

Eine junge Frau führt ein Ferngespräch von einer öffentlichen Telefonzelle in der zentralrussischen Stadt Kasan. Ferngespräche können in den meisten großen Städten der Sowjetunion auch von zu Hause aus geführt werden, und die Kosten sind, ganz gleich wie groß die Entfernung ist, relativ erschwinglich. Auskünfte aus dem Telefonbuch sind allerdings schwerer zu erhalten. Als das Moskauer Telefonbuch 1973 herauskam, war das die erste Neuauflage seit 15 Jahren, und nur 50 000 Exemplare wurden für eine Stadt von damals fast 7 Millionen Einwohnern gedruckt.

Fotograf:
Bernd-Horst Sefzik, DDR

• *Oben*

Georgier mit Geschenken: Diese beiden jungen Männer tragen Fliedersträuße in Erwartung eines warmen Freitagabends in Tiflis (Tbilissi). Die Georgier gelten als die Don Juans der Sowjetunion – romantisch und leidenschaftlich oder schlichtweg wollüstig, je nachdem wie man das Klischee auffaßt. Als die Beamten in Moskau hörten, daß die Herausgeber von *Ein Tag im Leben* eine Fotografin in die georgische Hauptstadt entsenden wollten, waren sie ernsthaft besorgt. Aber Stephanie Maze, die schon manche schwierige Aufgabe in Lateinamerika mit Bravour gelöst hat, erledigte auch diesen Auftrag mit gewohnter Selbstsicherheit.

Fotografin:
Stephanie Maze, USA

Links

Der Lead-Gitarrist mit der Rod-Stewart-Frisur von der Amateur-Heavy-Metal-Band *Tir* (Schießstand) steigt auf dem Nachmittags-Rock-Konzert im Moskauer Gorki-Park voll ein. Das Programm umfaßt außerdem Rockabilly und Balladen von der beliebten Gruppe „Bravo" und Pop-Rock von einer flotten, professionell wirkenden Band mit dem poetischen Namen „Lotus".

Dem amerikanischen Fotografen Bill Pierce gefiel „Bravo" besser, er bewunderte die russischen Anklänge in ihrer Musik. *Tir* fand er weniger gut, da sie, wie er sagte, lediglich den gängigen westlichen Rock imitierte: „Man kann nicht reiche Weiße imitieren, die junge Weiße imitieren, die ihrerseits arme Schwarze imitieren, und dann das ganze übers Meer mitnehmen und wirklich was daraus machen."

Fotograf:
Bill Pierce, USA

.s macht jetzt mehr Spaß
·r", sagt ein Moskauer Rock-
d-Roll-Journalist, der wegen
ner Artikel über Under-
ound-Bands früher auf der
hwarzen Liste stand.
Rockfestivals, -konzerte und
ubs sind öffentlich geworden
nd offiziell. Die jungen
ute tragen Led-Zeppelin-T-
irts, Lederjacken und Jeans.
reisen zu John-Lennon-Ge-
rtstagsfeiern und singen
ower to the People". Heavy-Metal-Musik kreischt aus den Fenstern von Wohnblocks, und ein großer Underground-Rockstar, der an Überwachung und öffentliche Ungnade gewöhnt ist, sieht sich plötzlich umworben von staatlichen Konzertveranstaltern, Fernsehproduzenten und der Schallplattenfirma Melodija, der führenden Plattenfirma in der UdSSR.

Es ging alles so schnell – Gorbatschows *Glasnost* hatte erst 1986 die Fesseln des Rock-Underground gelöst. Skeptiker vermuten, daß diese Liberalisierung letztlich nur darauf abzielt, entfremdete Jugendliche wieder in die Arme der sowjetischen Ideologie zurückzuführen. Sie behaupten, der Staat kooperiere mit der westlich orientierten Rockszene, um die Underground-Bands zu „entschärfen" und die Kontrolle der Regierung über diese Form der künstlerischen Äußerung auszuweiten. Trotzdem: das Herz des Rock-and-Roll schlägt in der Sowjetunion lauter als jemals zuvor.

Fotograf:
Paul Chesley, USA

Paul Chesley

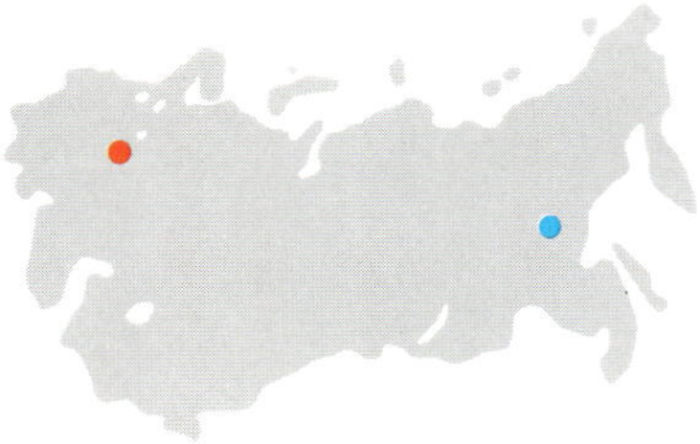

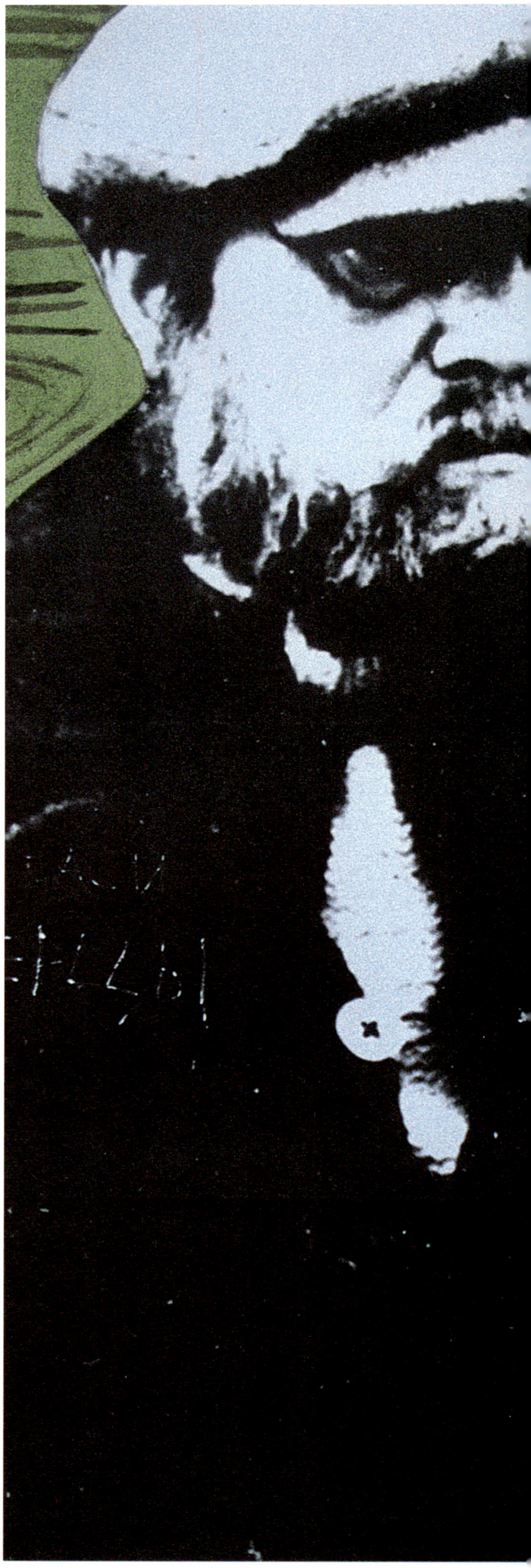

• *Vorangehende Doppelseite*

Doppel im Moskauer Gorki-Park: Durch einen eigenartigen Zufall machte der amerikanische Fotograf Paul Chesley einen Schnappschuß von „Knast", demselben jungen Bodybuilder, der früher am Tag schon in Ljuberzy für einen anderen Fotografen von *Ein Tag im Leben* posiert hatte (vgl. S. 136/137). In keinem der beiden Fälle hatte Knast gegen die Aufmerksamkeit Einwände.
Fotograf:
Paul Chesley, USA

• *Ganz oben*

Zwei Moskauer Punks in der Wohnung eines Freundes. Der junge Mann erzählte, er habe drei Jahre im Gefängnis gesessen. Während diese Punks in der Londoner King's Road wohl kaum besondere Aufmerksamkeit erregen würden, gilt das Tragen eines Nazi-Helms in einem Land, das durch die Nazis 20 Millionen Menschen verlor, schon als sehr schwerwiegende Provokation.
Fotograf:
Michael Benson, USA

• *Oben*

In Fili, einem Moskauer Vorort, probt eine Amateurband in Heavy-Metal-Aufmachung in einem kleinen Raum, der ihr von den Behörden zugeteilt wurde. Eierkartons an den Wänden dienen zur Schalldämmung. Der Fotograf Nikolai Ignatjew beobachtete, wie die Probe von Milizangehörigen unterbrochen wurde, die die Musiker höflich aufforderten, nicht zu rauchen.
Fotograf:
Nikolai Ignatjew, UdSSR

● *Unten*

Zwei Moskauer Jugendliche in modischen T-Shirts vor einem riesigen Kinoplakat: Sein T-Shirt wirbt für Bruce Springsteen, ihres für die kanadische Gruppe „Rush".
Fotograf:
Eddie Adams, USA

● *Rechts*

Berlin? London? New York? Nein, Jakutsk im fernen Sibirien.
Fotograf:
Diego Goldberg, Argentinien

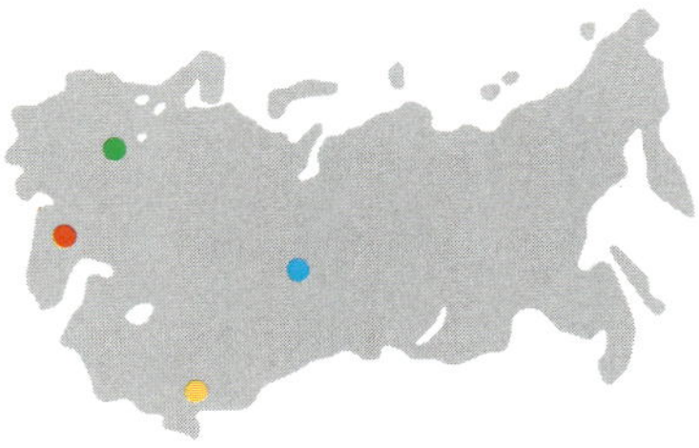

• *Ganz oben*

Im Tanzsaal ihres Stadtviertels von Stawropol (Nordkaukasus), der Heimatstadt von Generalsekretär Gorbatschow, greifen Irina Semjonkina (12) und Alex Balajew (13) nach den Sternen höchster Anmut bei den Vorbereitungen für ihre Teilnahme als Fortgeschrittene an dem Gesellschaftstanz-Wettbewerb, zu dem Bewerber aus allen Teilen der Sowjetunion geschickt werden.
Fotograf:
Wally McNamee, USA

• *Oben*

Zutraulich berühren sich Hände auf dem Geländer während des Tanzunterrichts im sibirischen Stredschewoi.
Fotograf:
Sergej Edischeraschwili, UdSSR

● *Unten*

Hinter der Bühne des Moskauer Bolschoi-Theaters: Am 15. Mai bereitete sich das berühmteste Ballett der Welt auf seine Nordamerika-Tournee 1987 vor.
Fotograf:
Wladimir Ptscholkin, UdSSR

● *Nächste Doppelseite*

Kutbidin Atamkulow (33) singt das Epos von Manas, dem legendären Volkshelden der zentralasiatischen Kirgisen. Das gewaltige Lied von 250 000 Zeilen (zum Vergleich: das Gesamtwerk Homers ist „nur" 37 000 Zeilen lang) wurde jahrhundertelang mündlich überliefert, bevor es in der frühen Sowjet-Ära niedergeschrieben wurde. Atamkulow, der von einem kirgisischen Dorf zum anderen wandert, sagt, daß er sich nur die ersten 15 Minuten des Vortrags den Text bewußt ins Gedächtnis rufen müsse. „Danach," erzählt er, „gerate ich in Trance, und es kommt ganz von selbst. Es ist fast so, als wenn man einen Film ansieht. Die Geschichte läuft in meinem Kopf ab. Wenn mich niemand stört, kann ich drei Stunden lang ununterbrochen aus dem Gedächtnis singen."
Fotograf:
Frans Lanting, Niederlande

Frans Lanting

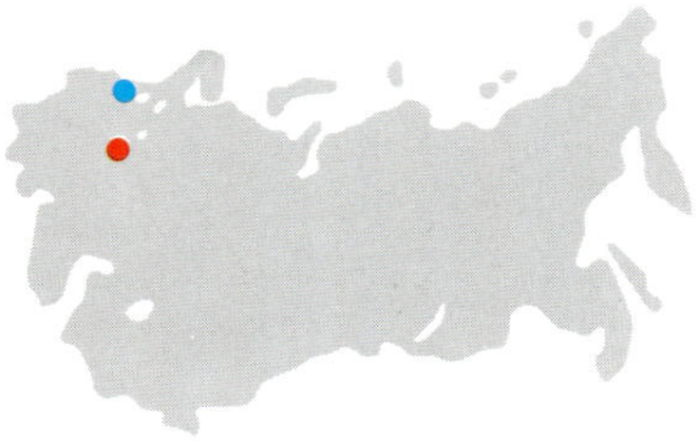

● *Oben*

Sergej Schtscherbina, Abteilungsleiter beim Gosplan, dem Staatlichen Amt für Wirtschaftsplanung, entspannt sich in seiner Moskauer Wohnung in Gesellschaft seiner Katze und des afghanischen Rassehundes Waska.
Fotograf:
Torin Boyd, USA

● *Rechts*

Gute Freundinnen: Die Schriftstellerin Dina Gurewitsch (rechts) plaudert mit der Jazzmusikerin Manana Menabde in Dinas Wohnung in einem Vorort von Leningrad.
Fotografin:
Nicole Bengiveno, USA

• *Oben*

Im georgischen Tiflis (Tbilissi) stemmt der zweifache Olympiasieger und fünffache Weltmeister im Ringen, Lewan Tediaschwili (39), seine beiden Söhne Wachtang und Beso. Nach den Olympischen Spielen in Montreal 1976 wurde Tediaschwili der Lenin-Orden verliehen, die höchste Auszeichnung, die die Sowjetunion an einen ihrer Bürger zu vergeben hat.
Fotografin:
Stephanie Maze, USA

• *Rechts*

Kunst der Straße: Eine halbe Tonne *Moskwitsch* parkt auf einem Straßenkünstler in Samarkand. Straßendarsteller jedweder Art haben hier in Usbekistan und anderen Teilen Zentralsiens eine alte Tradition. Früher pflegten sich solche Artisten bei reichen Herren zu verdingen oder ihre Künste gegen ein kleines Entgelt den Passanten auf der Straße vorzuführen. Die Regierung duldet jetzt wieder solche Kunststücke, aber das Herumreichen des *Doppi* (usbekischen Huts) sieht sie nicht gern. Doch bei einem abendlichen Gang durch den Basar kann man noch mancherlei Darbietungen begegnen, Aufführungen von Volksstücken, Marionettenspielen und richtigen Komödien ebenso wie Tänzen, akrobatischen Einlagen und Mutproben wie der hier gezeigten.
Fotograf:
Gerd Ludwig, Bundesrepublik Deutschland

• *Nächste Doppelseite*

Die Herzen-Straße in der Moskauer Altstadt am späten Abend. Die Straße schneidet hier den Bulwarnoje Kolzo, einen ringförmigen, baumbestandenen Boulevard, dessen Eleganz aus der Zeit vor der Revolution erhalten geblieben ist. Bei dem strengen Bau links handelt es sich um die russisch-orthodoxe Himmelsfahrtskirche, in der Rußlands am höchsten verehrter Dichter, Alexandr Puschkin, 1831 getraut wurde. Weiter im Hintergrund sieht man das moderne Hauptbüro der sowjetischen Nachrichtenagentur TASS.
Fotograf:
Roman Poderni, UdSSR

Roman Poderni

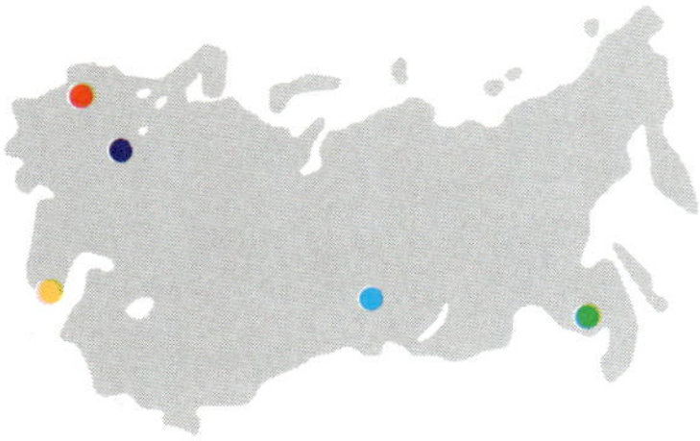

• *Oben und ganz oben*

Revuegirls in ihrer Garderobe in einem Nachtclub in Wilna (Wilnjus), der Hauptstadt Litauens. Die baltischen Republiken haben starke kulturelle Bindungen an Westeuropa, und das Nachtleben in ihren Metropolen gehört zum heißesten in der Sowjetunion.
Fotografin:
Dana Fineman, USA

• *Rechts*

Hinter den Kulissen des Theaters für Oper und Ballett im ostsibirischen Krasnojarsk. Marina Kusnezowa, Olja Bylinkina und Ira Rastetschajewa beim Abschminken und Entspannen nach der Aufführung.
Fotograf:
Felix Solowjow, UdSSR

● *Nächste Doppelseite*

Viel benutzte Schienenstränge glänzen im Licht der Scheinwerfer eines nahenden Güterzuges bei Birobidschan, der Hauptstadt des Jüdischen Autonomen Gebiets im sowjetischen Fernen Osten. Der abgelegene, sumpfige Streifen Land an der chinesischen Grenze, der von Stalin im Jahre 1934 für die Ansiedlung von Juden reserviert wurde, erwies sich nicht als das Gelobte Land, und die jüdischen Siedler blieben massenhaft aus. Heute machen sie nur 10 Prozent der Bevölkerung aus, aber der offizielle Status der Region blieb erhalten, und die Schilder am Bahnhof grüßen den Reisenden der Transsibirischen Bahn in kyrillischen und hebräischen Schriftzeichen.
Fotograf:
Graeme Outerbridge, Bermuda

● *Folgende Seiten 222/223*

An der sowjetisch-iranischen Grenze tastet ein Scheinwerfer die kaspische Küste ab, und ein Grenzposten mit Infrarot-Nachtfernglas hält Wache. Die Sowjets unterhalten entlang der Grenze zum Iran einen 25 Kilometer breiten Streifen als Sperrgebiet. Es strotzt von Truppen und Hochtechnologie-Geräten, die hier noch durch Drogenspürhunde ergänzt werden.
Fotograf:
Wjatscheslaw Kiseljow, UdSSR

● *Folgende Seiten 224/225*

Die Kuppeln der Basilius-Kathedrale bilden die Kulisse für einen milden Freitagabend auf dem Roten Platz. Dieses letzte hier abgebildete Foto vom 15. Mai wurde um 23.30 Uhr aufgenommen.
Fotograf:
Larry C. Price, USA

Graeme Outerbridge

106

Wjatscheslaw Kiseljow

Larry C. Price

Die Einsatzorte der Fotografen

Letizia Battaglia

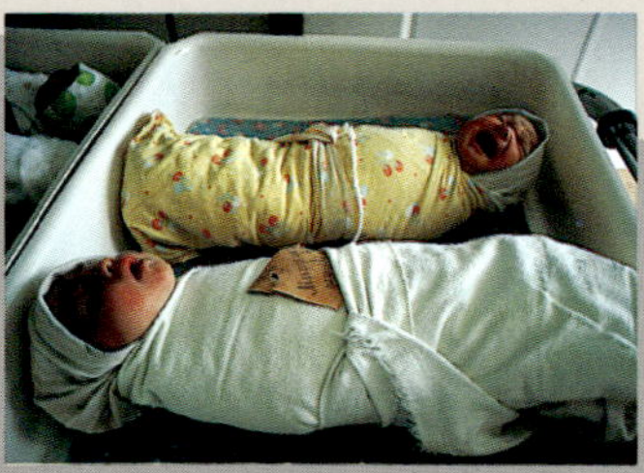

Wohlverpackte Neugeborene in einem Krankenhaus in Archangelsk, der Hafenstadt an der Dwina.

Dirck Halstead

Mathematikunterricht in Lenins Heimatstadt Uljanowsk an der mittleren Wolga.

Graciela Iturbide

Eine Mutter in der Moldauischen SSR kann das jüngste ihrer zehn Kinder nicht dazu bewegen, für die Kamera zu lächeln.

Chatanga/67
Sireniki/86
Jakutsk/42
Ust-Ilimsk/60
Krasnojarsk/78
Tinda/72
Abakan/45
Petropawlowsk-Kamtschatski/66
Gorno-Altai/27
Komsomolsk-na-Amure/44
Chabarowsk/58
Juschno-Sachalinsk/41
Birobidschan/63
Kisil/79
Baikalsee/71
Ulan-Ude/62
Nachodka/47
Wladiwostok/75

Peter Turnley

Teezeit in einem Straßencafé in Buchara (Usbekistan).

John Vink

Schafe weiden auf einer Staatsfarm in Kasachstan.

Magsarim Zerenschamz

Die Goriswet-Tanzgruppe in Lemberg (Lwow) in der Ukraine.

Frank Fournier

Der Alaiski-Markt in Taschkent, der Hauptstadt Usbekistans.

Armenische SSR
1 Jodi Cobb
2 Oleg Makarow

Aserbeidschanische SSR
3 Wjatscheslaw Kiseljow
4 George Steinmetz

Weißrussische SSR
5 Juri Iwanow

Georgische SSR
6 Nikolai Gnisjuk
7 Steve Krongard
8 Stephanie Maze
9 Corneliu Mocanu

Estnische SSR
10 Raphaël Gaillarde
11 Juri Wendelin
12 Marina Jurtschenko

Kasachische SSR
13 Jean-Pierre Laffont
14 Alexandr Moklezow
15 Anatoli Morkowkin
16 Alexandr Senzow
17 John Vink

Kirgisische SSR
18 Dimitri Baltermanz
19 Frans Lanting

Lettische SSR
20 Patrick Tehan

Litauische SSR
21 Dana Fineman

Moldauische SSR
22 Graciela Iturbide

Russische SFSR
23 Juri Abramotschkin
24 Eddie Adams
25 Vitali Arutjunow
26 Boris Babanow
27 James Balog
28 Letizia Battaglia
29 Nicole Bengiveno
30 Torin Boyd
31 Aaron Chang
32 Viktor Tschernow
33 Paul Chesley
34 Anne Day
35 Dimitri Donskoi
36 Sergej Edischeraschwili
37 Wladimir Fedorenko
38 Janusch Fogler
39 Gerrit Fokkema
40 Rudolf Frey
41 Igor Gawrilow
42 Diego Goldberg
43 D. Gorton
44 Fridrich Grinberg
45 Ivo Hadschimischew
46 Dirck Halstead
47 Frank Johnston
48 Boris Kaufman
49 Juri Kawer
50 David Hume Kennerly
51 Douglas Kirkland
52 Gennadi Koposow
53 Juri Koroljow
54 Pawel Kriwzow
55 Wladimir Lagranz
56 Sarah Leen
57 Wally McNamee
58 Dilip Mehta
59 Claus C. Meyer
60 Rogelio Moré
61 Jan Morek
62 Seny Norasingh
63 Graeme Outerbridge
64 Bill Pierce
65 Valeri Plotnikow
66 Sergej Podlesnow
67 Alexandr Poljakow
68 Larry C. Price
69 Nikola Radosevic
70 Roger Ressmeyer
71 Galen Rowell
72 Viktor Rudko
73 Sergej Samochin
74 Bernd-Horst Sefzik
75 Lew Scherstennikow
76 Neal Slavin
77 Rick Smolan
78 Felix Solowjow
79 Juri Somow
80 Wladimir Sjomin
81 Jan Tichinow
82 Tomasch Tomaschewski
83 David C. Turnley
84 Jerry Valente
85 Viktor Welikschanin
86 Wladimir Wjatkin
87 Grace Kennan Warnecke
88 Lajos Weber
89 Mark S. Wexler

Tadschikische SSR
90 Jim Richardson
91 Wladimir Rodjonow

Turkmenische SSR
92 Sebastiao Salgado

Ukrainische SSR
93 Jay Dickman
94 Arthur Grace
95 Sergej Gunejew
96 Oleg Homola
97 Andy Levin
98 Alexandr Makarow
99 Mary Ellen Mark
100 Matthew Naythons
101 Magsarim Zerenschamz

Usbekische SSR
102 Frank Fournier
103 Gerd Ludwig
104 Wladimir Perwenzew
105 Andrew Stawicki
106 Peter Turnley

Nordpolarmeer
107 Wladimir Tschistjakow

Ein Tag im Leben der Sowjetunion in der Rückschau

Valeri Plotnikow

Die Russen sagen nicht „Cheese", sondern: „Schau, das Vögelchen ist weggeflogen". Hier haben sich 50 westliche Fotojournalisten zusammen mit 50 Fotografen aus der Sowjetunion und den Ostblockländern zu einer Gruppenaufnahme in den Lenin-Bergen hoch über Moskau versammelt.

Frank Johnston

Komm und halt deinen Genossen warm: Unser Moskauer Team hat sich der Kamera gestellt (von links, stehend): Lew Stowbunenko, Mark Rykoff, Patti Richards, Grace Kennan Warnecke, William McCabe, David Cohen, Dewjani Kamdar, Boris Polchowski, Marina Jurtschenko, D. Gorton, Eugene Sykow; (hinten, sitzend) Torin Boyd, Sergej Nikitenko, Valeri Golubzow; (kniend) Nick Louis, Jean-Christophe Castelli.

Dirck Halstead

Für mich wurde eine Verabredung getroffen, einen Schweißer und seine Familie zu Hause in ihrer Wohnung zu fotografieren. Ich sah mir die Hände des Mannes an, während er sprach, und mir war klar, daß er kein Schweißer war. Sein Lebensstil entsprach nicht der Art, wie ein Schweißer lebt. Da war eine große Stereoanlage, ein Fernseher mit großem Bildschirm und alles, was es sonst so gibt. Ich bin sicher, er war Parteimitglied – die Familie war sehr wohlhabend.

Nach der Rückkehr hatte ich ein langes offenes Gespräch mit meinem Begleiter. Ich sagte ihm, wie verärgert ich sei über die verschwendete Zeit mit Situationen, die gestellt schienen. Er fragte mich, was ich denn meine, was für mich vorgetäuscht worden sei. Ich sagte, der Schweißer sei offensichtlich kein Schweißer gewesen, und er stimmte mir zu. Er sagte, er selbst sei wegen der ganzen Sache sehr verärgert über den Führer am Ort. Dies seien genau die Dinge, die die sowjetische Glaubwürdigkeit bei der ausländischen Presse zunichte machten.

Nicole Bengiveno

Ich wollte eine Frau fotografieren, die im Kindercafé in Leningrad arbeitete, und als ich ihr vorgestellt wurde, fing sie an zu weinen. Ich dachte, ich hätte irgend etwas getan, was sie verletzte, aber als ich meine Dolmetscherin fragte, sagte diese, die Frau sei ganz einfach überwältigt, eine Amerikanerin kennenzulernen. Das wecke in ihr Erinnerungen an den Zweiten Weltkrieg, als Amerikaner und Sowjets auf der gleichen Seite gekämpft hätten. Das Ganze kam für mich so überraschend, daß ich auch zu weinen anfing. Dann fielen wir uns einfach in die Arme. Ich hab' das nicht fotografieren können, aber ich werde noch sehr, sehr lange daran zurückdenken.

Die Sowjetunion ist wohl das Land der Erde, über das am meisten geredet wird, das aber gleichzeitig am wenigsten aus eigener Anschauung bekannt ist – ein Land mit mehr als 100 Nationalitäten, von unermeßlichem Reichtum und gewaltiger Größe, mit Städten, die tiefe Narben der Geschichte tragen, und riesigen, von Menschen noch unbewohnten Gebieten. Aber die uns vertrauten Bilder – Schlange stehende Menschen, Lenin-Plakate, Mitglieder des Politbüros, die Panzerbataillonen auf dem Roten Platz ihr verhaltenes Wohlwollen zuwinken – sind kaum mehr als staubige alte Ikonen und Zeugnisse leerer vorgefaßter Meinungen. *Jeder* scheidende Chef unseres Moskauer Büros bringt seine oder ihre Erinnerungen über das „wirkliche" Rußland mit nach Hause, aber kein westlicher Fotograf hat es in all den Jahren fertiggebracht, ein brauchbares fotografisches Porträt dieses Landes anzufertigen.

Die Sowjetunion ist unglaublich fotogen – was die Bilder dieses Buches beweisen –, aber gleichzeitig geradezu krankhaft kamerascheu. Es ist ein Land, in dem ein Bild tausend Worte wert ist – aber warnende Worte. Beispielhaft zitiert sei folgende Passage aus dem Intourist-Merkblatt *Regeln für das Fotografieren und Filmen auf sowjetischem Hoheitsgebiet:*

Es ist verboten, Fotos, Filme oder Zeichnungen von jeder Art von militärischem Gerät und militärischen Objekten, Seehäfen, Großwasserwerken, Eisenbahnknotenpunkten, Tunnels, Eisenbahn- und Straßenbrücken, Industrieanlagen, Forschungsinstituten, Konstruktionsbüros, Laboratorien, Kraftwerken, Peilbaken, Telefon- und Telegrafenämtern anzufertigen.

Es ist verboten, Fotos vom Flugzeug aus aufzunehmen, Landschaftsaufnahmen zu machen und innerhalb der 25-Kilometer-Grenzzone Zeichnungen anzufertigen …

Ein Schriftsteller kann in der Sicherheit seines Gehirnstübchens nach Superlativen kramen. Der Fotojournalist aber muß in seine Kameratasche greifen, und bis er seine Nikon F3 hervorgeholt hat, schreit schon eine ärgerliche *Babuschka „Ne nado"* (wörtlich „Nicht nötig", aber mit der wahren Bedeutung „Hau bloß ab"), und sogleich ist die örtliche Miliz alarmiert.

Diese Vision – multipliziert mit 50 erregbaren westlichen Fotojournalisten, mehreren hundert argwöhnischen Milizsoldaten und tausend beschlagnahmten Kodachrome-Filmen – verfolgte das Arbeitsteam von *Ein Tag im Leben der Sowjetunion* vom ersten Tag an. Würde die Sowjetunion wirklich ihre Türen öffnen, oder würde man den Fotografen nichts anderes als eine Menge Fassaden, moderne Potemkinsche Dörfer, zeigen?

Nun, die Türen gingen tatsächlich auf, nicht ohne ein gelegentliches protestierendes Quietschen des einen oder anderen Scharniers, aber weit genug, um eine Gruppe der besten Fotojournalisten der Welt einzulassen. Ihnen wurde ein nie zuvor gekannter Zugang gewährt, und sie brachten das umfassendste Bildmaterial vom Leben in der Sowjetunion mit nach Hause, das je im Westen veröffentlicht wurde. *Ein Tag im Leben der Sowjetunion* ist die Geschichte der Verwandlung eines unmöglichen Traums der Kodirektoren des Projekts, Rick Smolan und David Cohen, in die Wirklichkeit, die Sie jetzt in Händen halten. Dieser Bildband hat sicherlich historischen Wert. Er dokumentiert nur einen ganz gewöhnlichen Tag, aber er bezeugt gleichwohl eine außergewöhnliche Periode der Veränderung in der Sowjetunion. Gorbatschows Politik der *Glasnost* (Offenheit) ist der Leitgedanke von *Ein Tag im Leben der Sowjetunion*, war es doch erst diese Politik, die – wenn auch zunächst nur in zaghaften Schritten – solch ein Projekt überhaupt vorstellbar machte.

Es begann alles mit einer verschlossenen Tür, lange vor den Tagen der *Glasnost* im Jahre 1984, als der Fotojournalist Rick Smolan und der Herausgeber David Cohen mit einer Empfehlung von Bill Garrett, dem Herausgeber des *National Geographic*, und einem höchst sonderbaren Buchvorschlag bei der Sowjetischen Botschaft in Washington vorsprachen. Smolan konnte auf einige eindrucksvolle Erfolge verweisen. Ein paar Jahre zuvor hatte er die verrückte Idee gehabt, 100 der bekanntesten Fotojournalisten der Welt über Australien ausschwärmen und sie ihre Fotos an einem einzigen Tag schießen zu lassen. Das Ergebnis, *A Day in the Life of Australia*, wurde in der ganzen Welt mehr als 200 000mal verkauft. Sein Partner David Cohen, früher Chef der New Yorker Foto-Agentur Contact, gab mit Smolan zusammen den Folgeband *A Day in the Life of Hawaii* heraus (2. Dezember 1983). Vielleicht war die Sowjetunion kein besonders naheliegendes Objekt für die Nachfolge des kleinen Paradieses im Pazifik. Auf jeden Fall hörten die Leute in der Botschaft höflich zu und sagten dann, sie würden auf die beiden jungen Verleger zurückkommen. Das taten sie nicht. Smolan und Cohen erfuhren später, daß die Sowjets der Meinung waren, sie seien zu jung und würden sich als Geschäftsleute nicht durchsetzen.

Aber manche Menschen wollen ein *Njet* eben nicht gelten lassen. Wie aufdringliche Klinkenputzer erschienen Smolan und Cohen erneut im Herbst 1984 mit dem Bestseller *A Day in the Life of Canada* unter dem Arm. Nachdem sie das zweitgrößte Land der Erde auf Film gebannt hatten, waren sie für die Sowjetunion gerüstet.

Aber statt dessen nahmen sie sich erst einmal *A Day in the Life of Japan* vor. Nachdem sie mit ängstlichen japanischen Bürokraten verhandelt, die Sprachbarrieren überwunden hatten und in eine geschlossene Gesellschaft eingedrungen waren, mußten sie nun doch wohl für die Sowjetunion genügend vor-

ternationale Aufforstung: Georgi
edjaschin, Zweiter Vorsitzender der
esse-Agentur Nowosti, erhält bei
ner Baumpflanz-Zeremonie im Moskauer Kulturpark Unterstützung durch
e Projektleiter Rick Smolan und
avid Cohen.

Stephanie Maze

Rick Smolan

Es funktioniert sogar noch besser, wenn man die Schutzkappe vom Objektiv nimmt: Der sowjetische Nachwuchsfotograf bekommt ein paar Tips vom Fotografen Jay Dickman von der *Denver Post.* Sony gab jedem westlichen Fotografen eine 8-mm-Handicam mit auf den Weg.

ereitet sein. Und als sie vier *Ein Tag im Leben*-Projekte hinter ch gebracht hatten, sahen sie auch älter aus. Was aber noch ertvoller war: Der Bildredakteur Arnold Drapkin von *Time,* in erfahrener Mitarbeiter bei mehreren *Ein Tag im Leben*-Projekten, legte bei einem seiner Besuche in Moskau ein paar gute Vorte für sie ein.

Noch immer jedoch gab es keine definitive Antwort. Also achten sich Smolan und Cohen in einem Anfall von Groll an ines der ehrgeizigsten Projekte in der Geschichte des Fotojournalismus: Am 2. Mai 1986 traten sie mit *A Day in the Life f America* an die Öffentlichkeit.

Etwa zu dieser Zeit gewannen Smolan und Cohen in ihrer artnäckigen Verfolgung des sowjetischen Projekts einen Mitstreiter: Ira Shapiro, Herausgeber der Jahrbücher für Fotografie und Illustrationsgrafik bei American Showcase. Er ging mit iner etwas idealistischeren Einstellung an die Sache heran, icht nach dem bisherigen *Ein Tag im Leben*-Motto „Woll'n och mal seh'n, wie wir das diesmal hinkriegen". Er stellte sich *Ein Tag im Leben der Sowjetunion* als eine Brücke der Verständigung zwischen den beiden Supermächten vor. Shapiro unternahm zwei Reisen in die Sowjetunion auf eigene Kosten, um ie Verhandlungen in Gang zu bringen. Und immer wenn molan und Cohen später im Begriff waren aufzugeben, war hapiro zur Stelle und drängte sie, es doch noch einmal zu ersuchen.

Im Herbst 1986 reiste die *Troika* gemeinsam nach Moskau u ernsthaften Verhandlungen mit der offiziellen sowjetischen resse-Agentur Nowosti. Nachdem sie einen ganzen Tag mit esprechungen verbracht hatten, waren zwei Dinge klar: Erstens würden sie niemals auch nur annähernd günstige Bedingungen für *Ein Tag im Leben der Sowjetunion* erhalten, und weitens konnten sie nicht einmal in ihrem eigenen Hotel ein Restaurant finden, das ihnen eine Mahlzeit servierte – ein böses Omen für ein Projekt, das wohl die schwindelerregendste ogistische Planung seit dem Fünfjahresplan erforderlich machen würde. Trotzdem riet ihnen Felix Rosenthal, ein alter Hase vom Moskauer Büro der Zeitschrift *Time,* nicht aufzugeben; und sie gaben nicht auf.

Tatsächlich fügten sich wenige Wochen danach die Teile des uzzles zusammen: Die *Glasnost*-Kampagne nahm in Moskau ren Anfang; *A Day in the Life of America* schoß auf den Spitenplatz der Bestsellerliste der *New York Times* und setzte sich n dieser Liste länger fest als die sowjetische Raumstation Mir n All; und wovon Smolan und Cohen am allerwenigsten wußten: Weihnachten 1986 schenkte eine Gruppe amerikanischer chulkinder Generalsekretär Gorbatschow ein Exemplar von *Day in the Life of America,* was ja wohl beweist, daß es den Heiligen Nikolaus doch gibt.

Und plötzlich konnten Smolan, Cohen und Shapiro den törrischen sowjetischen Amtsschimmel in sanften Trab versetzen. Es wurde vereinbart, daß Collins Publishers eine Auswahl on 50 westlichen Fotografen und 50 Fotografen aus dem Ostlock treffen sollte, die von Nowosti zu genehmigen war. Bei er endgültigen Bildauswahl für die amerikanische Ausgabe ürde sich Nowosti jeder redaktionellen Einmischung enthalten, während die Sowjets ihrerseits völlig freie Hand hätten bei er Herstellung ihrer eigenen Fassung. Und dann der entscheidende Punkt: Nowosti stimmte zu, daß sämtliches an dem Tag elichtete Filmmaterial *unentwickelt* aus der Sowjetunion herusgebracht werden könne.

Nowosti wollte, daß das Buch im Herbst 1987 zur Feier des 0. Jahrestags der Großen Oktoberrevolution erscheint. Die ertriebsleute von Collins unter der Leitung von Carole Bidick und Debbie Reynolds waren von Herzen einverstanden.

Als guter Kapitalistin war Bidnick klar, daß Roter Oktober nicht weit von Weißer Weihnacht entfernt liegt, der Hochsaison im Buchhandel.

Das Problem war nur, daß Smolan und Cohen in der Befürchtung, ein weiteres Mal durch die Sowjetunion vertröstet zu werden, sich bereits auf die Produktion von *A Day in the Life of Spain* festgelegt hatten. Beide Projekte durchzuführen, würde heißen, das Fotografieren, Redigieren und Gestalten von zwei Büchern in eine Zeitspanne zu pressen, die schon für eines absurd kurz bemessen war – was Werbeleiterin Patti Richards murmelnd kommentiert haben soll: „*Zwei* schreckliche Konzepte auf einmal!" Für den eingekesselten Art Director Tom Walker beschwor die Aussicht, das Design für zwei viele Millionen Dollar teure Extravaganzen gleichzeitig machen zu müssen, alptraumhafte Visionen von chaotisch vermischten Layouts herauf, von nach Sibirien ins Exil verbannten Flamenco-Tänzerinnen und vom Marsch der Roten Armee auf Sevilla. Aber Smolan und Cohen, Meister im Zügeln des Chaos, sagten sich schlicht und einfach: Warum nicht? Tatsächlich erwies sich dank des organisatorischen Geschicks der Projektleiterin Cathy Quealy und des harten Einsatzes des spanischen Teams das Madrider Büro als unschätzbare Operationsbasis auch für das sowjetische Projekt.

William Collins, der britische Verlag, verdrehte die Augen bei dieser erneuten Dummheit seiner jungen amerikanischen Unternehmer, erklärte sich aber als gute Muttergesellschaft bereit, ein Projekt zu unterstützen, das schon von Anfang an in den roten Zahlen steckte. Nach Verlegermaßstäben arbeiten die *Ein Tag im Leben*-Bücher mit Etats von Spielbergschen Dimensionen – *Ein Tag im Leben der Sowjetunion* kostete kühle zweieinhalb Millionen Rubel (vier Millionen Dollar). Smolan und Cohen konnten sich bei der Finanzierung und sonstigen Leistungen bisher stets auf das Wohlwollen größerer Firmen stützen, aber bei diesem Projekt war es ein Problem, Geldgeber zu gewinnen – schließlich ist in der Sowjetunion der einzige Großunternehmer die Regierung selbst. American Express, bei

Eric Lars Bakke

Ladies of Spain: Der Betreuungsstab in Madrid ließ dem Moskauer Büro unschätzbare Hilfe zukommen. Es sind (von links, sitzend): Amy Janello, Fernando de Miguel Muñoz, Marie-Claire Rodriguez Dulin, Laura Lowenthal, Karen Bakke; (stehend) Jennifer Erwitt, Cathy Quealy.

Rick Smolan

Jodi Cobb

Vormittags fotografierte ich auf einem Markt, als mir vage bewußt wurde, daß sich hinter mir Unruhe entwickelte. Mein Dolmetscher kam zu mir und meinte: „Ich glaube, es ist jetzt Zeit zu gehen." Ich sagte ihm, ich wollte noch ein paar Aufnahmen machen, und fotografierte weiter. Er bestand aber darauf, daß wir gehen sollten, und begann mich am Ärmel zu ziehen. Ich drehte mich um und sah einen Polizisten geradewegs auf uns zukommen. Anscheinend war er der Meinung, daß das Fotografieren eines Stücks Brot in einem Abfalleimer ein Vergehen sei. Ein paar Stunden später aß ich mit einem Beamten der örtlichen Verwaltung zu Mittag, und nach der Mahlzeit sah ich, wie ihm jemand etwas ins Ohr flüsterte. Darauf wandte er sich mir zu und sagte: „Ich höre, daß es da heute morgen auf dem Markt Ärger gegeben hat. Machen Sie sich keine Sorgen. Der Polizist wurde ermittelt und ist bestraft worden."

Am späten Nachmittag gab es einen weiteren Zwischenfall mit der Polizei, unser Wagen wurde wegen eines kleinen Verkehrsvergehens angehalten. Als die Polizisten eine Blondine auf dem Rücksitz sahen, schienen sie mißtrauisch zu werden und hielten uns eine Weile fest. Wir waren etwa 20 Kilometer von der türkischen Grenze entfernt, und Ausländer machten sie offensichtlich nervös.

Als wir auf dem Rückweg zur Stadt nochmals an einem Polizeiwagen vorbeikamen, brachte mein Dolmetscher den Ausspruch des Tages. Er legte seine Hand auf den Magen und sagte: „Immer wenn ich Polizisten sehe, kriege ich Idiosynkrasien." Besser hätte ich es auch nicht ausdrücken können.

Diego Goldberg

Ich hatte zwei Begleiter von Nowosti, die mir bei meinem Auftrag helfen sollten: einen aus Moskau, der informiert war, daß ich alles fotografieren durfte, was ich entdeckte, und einen ortsansässigen, der darin geübt war, Aufnahmen für sowjetische Journalisten zu arrangieren. Der Begleiter vor Ort konnte den Gedanken der Spontaneität und der Art und Weise, wie Fotojournalisten arbeiten, nicht nachvollziehen. Er hatte sich viel Mühe gegeben, für mich Perlen zum Fotografieren zusammenzutragen. Er war sehr stolz auf seine Vorarbeit, und ich mußte ihm sehr vorsichtig klarmachen, daß das ganz einfach nicht das war, das zu fotografieren ich hergekommen war.

*Ich möchte es mal so ausdrükken: Mein Begleiter aus Moskau war der Nach-*Glasnost*-Typ und der Mann vor Ort der Vor-*Glasnost*-Typ. Nach ein paar Stunden setzte ich mich mit den beiden zusammen und hielt einen langen Vortrag darüber, was ich brauchte und wie das Buch werden würde. Ich sagte, ich wollte sie nicht beleidigen, aber ich hätte kein Interesse daran, Perlen, Mammutzähne oder Volkstanzgruppen abzulichten. Als sie das erst verstanden hatten, lief es wunderbar.*

Das New Yorker Team: (von links, hinten) Debbie Donnelly, Fiona L'Estrange, Alan Baseden, Stanford Hays; (vorn) Melanie Miller, Beth Crowell, Stephanie Sherman, Carole Bidnick.

Arthur Grace

Ganz entgegen meinen Erwartungen wurde ich nicht im geringsten irgendwie beeinflußt. Im Gegenteil: alle waren mehr als freundlich. Niemand posierte für die Kamera oder täuschte irgend etwas vor. Ich hatte hier mehr Freiheit beim Fotografieren, als ich in den Vereinigten Staaten gehabt hätte. Dort hätten sich mehr Leute beschwert als hier. Soweit ich es beurteilen kann, waren diese Leute nicht instruiert oder irgendwie darüber informiert worden, wer ich war. Wie hätten sie auch ein ganzes Seebad vortäuschen können: Im Grunde fotografierte ich nichts anderes als durchschnittliche Russen im Urlaub am Strand. Niemand kann mich vom Gegenteil überzeugen. Es war sehr leicht, und die Menschen waren sehr fotogen. Es hätte nicht leichter sein können.

Matthew Naythons

Mein Begleiter, Valeri, war ein sehr netter Mann. Sehr professionell, sehr angenehm, sehr charmant, Parteimitglied. Er hatte dafür zu sorgen, daß ich mich wie zu Hause fühlte. Aber er war allgegenwärtig. Man müßte blind oder unpolitisch sein oder zur Selbsttäuschung neigen, wenn man glaubte, daß das nicht auf einen einwirkt. Sie stehen alle in dem Ruf, für den Geheimdienst zu arbeiten, und es wäre dumm zu glauben, daß dem nicht so ist. Wenn man meint, daß diese Leute ganz einfach nur gute Kumpels sind, dann war ihre Strategie erfolgreich. Das Beste an dieser Strategie ist, daß sie versuchen, einen wirklich für sich einzunehmen, so daß man sie so sehr mag, daß man sie nicht verletzen und nicht in Schwierigkeiten bringen möchte. Das ist der psychologische Hintergrund ihrer Herzlichkeit. Diese Leute sind absolute Profis. Ich habe gewaltigen Respekt vor den Leistungen dieses Landes in Sachen Public Relations und Nachrichtendienst. Das sind Vollprofis. Da gibt es Fotografen da draußen, die sind voll auf ihre Begleiter und Dolmetscher abgefahren und merkten nicht, was für ein großartiges Spiel da gespielt wird. Ich fand es sehr amüsant.

früheren *Ein Tag im Leben*-Projekten ein großzügiger Sponsor, wollte diesmal nicht mit von der Partie sein. Bemühungen, den kalten Cola-Krieg zwischen Coke und Pepsi zu beleben, brachten nichts zum Sprudeln. Und so wurde *Ein Tag im Leben der Sowjetunion* unter der Patenschaft von nur vier Firmen aus der Taufe gehoben – Kodak, Nikon, Pan Am und Sony – statt der üblichen zehn.

Ein geringeres Problem war es, 50 der besten Fotografen der Welt zu engagieren; als sich die Nachricht von dem Projekt in der Gerüchteküche der Fotojournalisten verbreitete, waren zur Abwechslung *sie* es, die bei den Herausgebern anriefen. Das war eine Chance, die im Leben nur einmal kommt und auf die auch der abgestumpfteste Linsenmann noch abfährt, allerdings fuhren sie aus sehr verschiedenen Richtungen ab und trieben die Flugplanerin Karen Bakke langsam, aber sicher zum Wahnsinn.

Jetzt war das Projekt startbereit, und am 2. April 1987 betrat eine kleine nervöse Gruppe von *Ein Tag im Leben*-Mitarbeitern endlich sowjetischen Boden. Nach der Paßkontrolle im Moskauer Flughafen schaute das skeptische Team zu, wie 100 Kisten durch den Zoll liefen. Es war das komplette Moskauer Büro – sieben Leute unter der Leitung des Projekt-Kodirektors David Cohen, plus Apple Computer, Kopiermaschinen, Briefpapier, Federhalter und amerikanische Souvenirs. Die sowjetischen Zollbeamten fanden das gar nicht lustig.

Gerade als es so aussah, als wenn die Leute von *Ein Tag im Leben der Sowjetunion* am besten daran täten, jegliches Wissen von ihrer Mission zu leugnen und in das nächste Flugzeug nach Frankfurt zu springen, kam eine Delegation der Presse-Agentur Nowosti zur Begrüßung auf sie zu, mit strahlendem Lächeln und herzlichem Händedrücken. Schneller als man am Kennedy Airport ein Taxi findet, waren alle am Zoll vorbei und auf dem Weg zum Abendessen mit endlosen Vorräten an Kaviar und Wodka und immer neuen Toasts auf die glänzende Zukunft des Projekts.

Jedenfalls war es der Anfang eines achtwöchigen Schnellkurses in der sowjetischen Methode, Dinge zu erledigen. Die erste Faustregel war: *Problemy njet* – keine Sorge, es läßt sich alles machen. Die zweite Regel war, was nicht gemacht werden konnte (oder würde), mit großzügigen Prosts auf das Gelingen des Projekts wegzuspülen. Die dritte Regel lautete, es ist nicht alles so, wie es scheint. Tatsächlich war überhaupt nichts so.

Aber weder diese Atmosphäre guten Willens noch die ständig sich wandelnden Realitäten des Projekts konnten die immens harte Arbeit der sowjetischen Männer und Frauen verschleiern, die mehr riskierten, als man normalerweise dankbar annehmen kann, um diesen bizarren *Glasnost*-Testfall Wirklichkeit werden zu lassen. Die Mühen von einem Dutzend Menschen und mehreren Agenturen lasteten voll auf den breiten russischen Schultern der drei Nowosti-Beamten, die dem Projekt im Vollzeiteinsatz zugeteilt worden waren. Eugene Sykow (der bei Nowosti den Titel eines Leitenden wissenschaftlichen Redakteurs führt) brachte einen unerschöpflichen Vorrat an Charme und diplomatischem Geschick in jeden Aspekt seiner Arbeit ein – nicht zuletzt auch in seine Dolmetscherleistungen (Cohen: „Das ist *absolut* unakzeptabel." Sykow auf Russisch: „David sagt, es tut ihm leid, aber er findet die Dinge zur Zeit vielleicht ein wenig unzufriedenstellend ..."). Boris Polchowski, eine sowjetische Bulldogge von einem Mann, beschaffte wirklich Hunderte von Genehmigungen mit der Unterstützung eines einzigen Assistenten und jenes nicht allzu zuverlässigen Instruments, des sowjetischen Telefons. Sergej Nikitenko bewahrte auch in den schlimmsten Zeiten eine geradezu buddhahafte Ruhe, so zum Beispiel, als zwei Tage vor der Ankunft der Fotografen am 10. Mai festgestellt wurde, daß sämtliche 50 Visa erst zur Einreise am 11. Mai gültig waren. Nikitenko brachte das in Ordnung und wurde von der Truppe zum Russen mit den besten Verbindungen gekürt, wenn auch niemand wußte, warum er so gute Verbindungen hatte, was nach einer Weile auch niemanden mehr interessierte.

Boris Babanow

Wenn diese nichts werden, werdet ihr mich noch öfter sehen – Boris Babanow bei seiner Arbeit in Sibirien.

Wenn die Mannschaft von *Ein Tag im Leben* ihrerseits den Russen etwas beibringen konnte, dann vielleicht, die Dinge nicht zu ernst zu nehmen. In dem eleganten, nüchternen Hotel Meschdunarodnaja, Moskaus Gegenstück zum Atlanta Hyatt, war das Team hoffnungslos, aber fröhlich deplaciert – ganz besonders der redaktionelle Koordinator Torin Boyd, dessen „day-glo"-Surfhemden mit der Basilius-Kathedrale um den Titel der strahlendsten Erscheinung in Moskau wetteiferten.

Die Erarbeitung der Zielobjekte begann mit einer langen Liste von Städten und Themen, die von Nowosti vorgeschlagen wurden, vom Sublimen („Tschernobyl ein Jahr danach") bis zum Lächerlichen („junger Tierzüchter zieht Nerzbaby auf der Pelztierfarm Puschkino mit der Flasche auf"). Das für die Ausarbeitung zuständige Team, D. Gorton, Bill McCabe, Mark Rykoff und Grace Warnecke, setzte seine eigene lange Vorschlagsliste dagegen, von der mancher Punkt die Russen noch wunderlicher angemutet haben mag („Generalsekretär Gorbatschow erholt sich daheim im Kreise seiner Familie" oder „Das berüchtigtste Gefängnis in der UdSSR"). Ein Gebiet von 22 394 000 Quadratkilometer bis zum Beginn der Aktion, also in fünf Wochen, zu erkunden, kam wohl nicht in Frage, also mußten die Redakteure aus ihrer journalistischen Erfahrung schöpfen (Gorton war als Redakteur bei *A Day in the Life of America* dabei), ihre Kenntnisse sowjetischer Verhältnisse (Rykoff und McCabe waren an der Universität von Columbia ausgebildete Sowjet-Experten) wie ihre Intuition und Phantasie einsetzen (Warnecke ist in der amerikanischen Botschaft in Moskau aufgewachsen). Zugang zu erlangen zu Sperrgebieten und heißen Themen, war ein rechtes Pokerspiel („Ich will Ihr Jüdisches Autonomes Gebiet sehen und erhöhe um ein Kernkraftwerk ...") mit nur einem Handikap: Die Sowjets hatten die meisten Karten und sämtliche Chips. Aber sie waren freundliche Gastgeber und ließen uns auch ein paar Runden gewinnen.

Als der 15. Mai, der Tag der großen Aktion, nahte, begann *Odin den is schisni Sowjetskogo Sojusa* (wie das Projekt auf Russisch heißt) Aufmerksamkeit jeglicher Art zu erregen. Es erwies sich, daß die Sowjets in der Fähigkeit, einen Medienzirkus zu veranstalten, den Amerikanern in nichts nachstanden. Die *Sowjetskaja Kultura*, *Iswestija* und *Komsomolskaja Prawda* kommen zwar nicht an amerikanische Verhältnisse heran, aber ihre Auflagenziffern (*Komsomolskaja Prawda* allein über 40 Millionen) beeindruckten sogar Patti Richards, Überlebende aus drei *Ein Tag im Leben*-Medien-Blitzkriegen. Cohen pflegte sich nach ein paar Minuten mit Äußerungen über Frieden und Völkerverständigung zurückzulehnen und jedem Interviewer klarzumachen: „Wissen Sie, in allererster Linie bin ich Geschäftsmann. Ich will von diesem Buch 300 000 Exemplare

Troika auf Trab: Die Fotografen Torin Boyd und D. Gorton mit dem Mitherausgeber Ira Shapiro auf Motivsuche in der Moskauer Innenstadt.

Grace Warnecke

Rick Smolan

Brauchen Sie jemanden, der Ihnen 120 000 Bilder an einem einzigen Wochenende sichtet? Fordern Sie das Fotoredaktionsteam von *Ein Tag im Leben der Sowjetunion* an (von links, stehend): Felix Rosenthal, Don Abood, Anatoli Bogomolow, Stephanie Maze, Juri Sodiew, Alfonso Gutiérrez Escera, Dieter Steiner, Kent Kobersteen, Mark Grosset, Tom Walker; (sitzend) Alexej Puschkow, Arnold Drapkin, Eliane Laffont, Jennifer Erwitt. Ruth Eichhorn war noch bei der Arbeit, als dieses Foto gemacht wurde.

erkaufen ..." Die Sowjets, die seit jeher Respekt vor tüchtigen ›eschäftsleuten und großen Zahlen haben, waren zweifellos eeindruckt.

Zur Ankunft Smolans und der westlichen Fotografen, die ank der Hilfe von Nikitenko problemlos vonstatten ging, wa-›n auch Teams der Sendungen „20/20" von ABC News und Today Show" von NBC zur Stelle. Neben ihren westlichen ‹ollegen stellten die Fotografen aus den Ostblockländern – die ‹eisten aus Moskau, aber auch andere von weit her, etwa aus ‹lan-Bator, der Mongolei und Havanna auf Kuba – einen ver-›irrenden Kontrast dar. Da standen sie, Fotoprofis und Spit-›nkönner ihres Fachs, und schienen den wichtigsten Teil ihrer ‹usrüstung, den man Fotojournalisten stets zuschreibt, nicht ei sich zu haben – ein überdimensioniertes Selbstbewußtsein.

Die Stimmung bei der Eröffnungszeremonie war kaum un-›rdrückte freudige Erregung, gemischt mit einer gewissen Ner-›osität. Für viele der sowjetischen Fotografen würde es das er-›e Mal sein, daß sie etwas für westliche Augen veröffentlich-›n. Und für die westlichen Fotografen war es eine Gelegen-›eit, die Grenzen des Zumutbaren zu erproben. Aber Cohen ‹achte der versammelten Mannschaft im Moskauer Intourist-‹otel klar: „Wenn ihr vielleicht Angst habt, überlegt nur mal, ›ie eure Gastgeber sich fühlen müssen!"

Nun, der schlimmste drohende Zwischenfall (ein Fernge-›räch von der Polizeistation in Ulan-Ude) konnte schließlich ‹bgewendet werden. Eine vielsprachige Gruppe von 65 Nowo-›i-Redakteuren und -Reportern (von denen einige so aussa-›en, als sollte man sie mit „Herr Leutnant" anreden) nahm ch freundlicherweise ein paar Tage von ihrer stressigen Ar-›eit frei, um den Fotografen – und Nowosti – Schwierigkeiten ‹ ersparen. Und trotz ihrer Ähnlichkeit mit einem Papier-‹rden brachte die offizielle *Ein Tag im Leben der Sowjetunion*-lakette es normalerweise zuwege, auch das hartnäckigste *Njet!*" in ein überschwengliches „Es ist für das Foto-Album? ‹, warum haben Sie das nicht gleich gesagt!" zu verwandeln. iele der Fotografen hatten auch 8-mm-Videokameras dabei, ›ie von Sony zur Verfügung gestellt worden waren, und brach-›n einmalige Streifen von Orten mit nach Hause, die kein ›estliches Kamerateam je aufgesucht hatte.

Bis die Fotografen an ihre Einsatzorte geflogen worden wa-›n, hatte sich die Nachricht von dem Projekt bis in den ent-›rntesten Winkel der Sowjetunion verbreitet. Das Ergebnis ‹ar, daß viele Fotografen wie Berühmtheiten herumgereicht ›urden. Aufwendige Festschmause mit örtlichen Delikatessen, ›ie Ziegenkopf und gegorener Stutenmilch, erwarteten sie. ‹ur sehr wenige wurden aufgehalten, außer für nur noch einen ›tzten Drink, und alle westlichen Fotografen kamen pünktlich ‹rück. Ein paar der sehr weitgereisten sowjetischen Kollegen rauchten etwas länger (während dies geschrieben wird, ist ei-›er noch immer auf einem Eisbrecher in der Nähe des Nord-›ols). Sie litten unter den Zeitverschiebungen – durch Bahn-‹der Flugreisen – und waren entweder vom vielen Herumlau-›n abgemagert oder von zuviel Gastfreundschaft um zehn fund schwerer geworden. Ihre Reaktionen reichten von eksta-tisch bis frustiert – manchmal beides zugleich –, aber Gleichgültigkeit war nie darunter, und das zeigt sich auch in fast jeder einzelnen der 127 000 Aufnahmen, die von der Aktion am 15. Mai mitgebracht wurden.

Nach mehreren durchwachten Tagen und Nächten des Organisationsleiters Lew Stowbunenko wurden die Kisten mit den Filmen im Eiltempo durch den Flughafen Scheremetjewo geschleust. Aber erst als sie sicher auf den breiten Sitzen der Ersten Klasse des Pan Am-Flugs nach Frankfurt verzurrt waren, stießen die westlichen Fotografen einen einzigen Seufzer der Erleichterung aus – ihre letzte gemeinsame Handlung, bevor sie wieder auf ihre einsamen Irrfahrten gingen (bis zur nächsten Einladung von Smolan und Cohen).

Ein paar Tage später machte sich in Madrid ein Team von Spitzen-Bildredakteuren, einschließlich drei Sowjets und unterstützt von der Filmkoordinatorin Jennifer Erwitt, daran, aus einer immensen Zahl von Bildern die Essenz eines Buches von 240 Seiten herauszudestillieren. Das war also die Sowjetunion – nicht der graue Monolith der Nachrichtenmagazine, sondern eine unendlich vielfältige und farbige Nation.

Unter diesen Aufnahmen befinden sich auch die „verbotenen" Bilder: Der frühere Fotograf des Weißen Hauses, David Hume Kennerly, fotografierte Dutzende von Soldaten; Frank Johnston von der *Washington Post* fing einen Seehafen ein; Graeme Outerbridge war einer von vielen Fotografen, die Eisenbahnknotenpunkte aufnahmen; Jerry Valente brachte ein mächtiges Industrieunternehmen auf die Platte; der Hollywood-Fotograf Douglas Kirkland streifte nach Belieben durch wissenschaftliche Forschungsinstitute, Konstruktionsbüros und Laboratorien; der Österreicher Rudolf Frey suchte ein Kernkraftwerk auf; und David Turnley von der *Detroit Free Press* bestieg einen Hubschrauber und schoß das absolute *Ne nado*, eine Luftaufnahme.

Auf jeden Fall macht der Gedanke des „Niedagewesenen" einen guten Teil des mystischen Reizes von *Ein Tag im Leben der Sowjetunion aus* – und es sind wirklich einige bemerkenswerte Bilder von Orten dabei, an denen Westlern niemals bisher zu fotografieren erlaubt war. Aber was enthüllt dieses Buch nun wirklich? Es zeigt bestenfalls, daß ein Bahnhof ein Bahnhof ist, auch wenn man ihn nur mit besonderer Erlaubnis der zuständigen Behörden fotografieren darf. Da sieht man eilige Menschen mit schweren Koffern, eine junge Mutter, die auf einer Bank eingenickt ist, während sie auf die Transsibirische Bahn wartet, Rekruten der Roten Armee, die ihre Lieben zum Abschied küssen ... all jene ganz normalen Szenen, die, wenn sie durch die Linse eines Meisterfotografen eingefangen werden, den Pulsschlag des Allgemeinmenschlichen hörbar machen – in diesem Land oder in irgendeinem Land dieser Erde.

Jean-Christophe Castelli

Steve Krongard

Nach meiner Meinung müßte dieses Buch den Titel tragen: „Behindert, aber nicht verhaftet in der Sowjetunion". Jedesmal wenn ich meinen Nowosti-Begleiter bat, für mich um die Erlaubnis zum Fotografieren zu bitten, lehnte der zu Fotografierende ab. Selbst wenn ich sorgfältig erklärte, warum ich sie oder ihn gern aufnehmen möchte, sah mich die betreffende Person einfach nur an und ging weg. Allmählich schien es mir, als ob das ganze Land sich rüde benimmt, und ich konnte es kaum abwarten, wieder herauszukommen. Das war ein brutal schwieriges Arbeiten. Immer wenn es anfing, etwas besser zu gehen, kam ein Polizist an und begann mich zu belästigen. Da kommt man nicht in die richtige geistige Verfassung fürs Fotografieren.

Erst als sich der Tag hinzog, bekam ich allmählich ein paar gute Fotos und fing auch an, Freude an dem Land zu finden. Beim Abendessen hatten meine Begleiter und ich das Gefühl, zusammen etwas ganz Unglaubliches erlebt zu haben, und wir tranken miteinander bis spät in den Abend hinein. Ich hatte ein Gefühl von Wohlbehagen und Euphorie, wie ich es in meinem Leben selten erlebt habe.

David C. Turnley

Im Verlauf des Tages lernten meine Begleiter und ich eine Menge voneinander. Wir hatten ein paar offene Aussprachen, und zum Abschied haben wir uns dann umarmt. Einmal fuhren wir an einer Schlange Menschen vorbei, die an einem Laden wegen Branntwein anstanden, und ich sagte meinen Begleitern, sie sollten anhalten. Einer von ihnen sagte nein. Ich verlangte es noch mal, und da sagte er, die Leute in der Schlange würden mir das Leben sauer machen. Ich sagte ihm, ich wäre während der letzten zwei Jahre in Südafrika gewesen und sei es gewohnt, daß die Leute mir das Leben schwer machten. Er zögerte immer noch. Da wurde ich ärgerlich und bestand darauf, daß sie anhielten. Sie taten es, und ich kriegte mein Foto.

Als ich wieder in den Wagen stieg, erzählte mir der Moskauer Begleiter, er habe mit dem anderen Begleiter während meiner Abwesenheit eine Diskussion gehabt. Sie hatten unterschiedliche Standpunkte. Der Moskauer Begleiter stand auf meiner Seite und meinte, die Schlange wäre doch eine interessante Situation für einen Fotografen. Aber der Mann aus Wolgograd sagte, er sei Patriot und die Schlange sei doch nichts Gutes zum Vorzeigen. Er gab zu, daß es schwierig sei, sich auf mehr Offenheit umzustellen.

Ivo Hadschimischew

‹ahlverwandtschaft: Der bulgarische ‹tograf Ivo Hadschimischew verbrü-›rt sich mit den Ureinwohnern von ‹bakan in Sibirien.

Steve Krongard

Mit versteckter Kamera: Steve Krongard schießt aus der Deckung bei seiner Arbeit in dem Badeort Suchumi am Ostufer des Schwarzen Meeres.

Rogelio Moré

Der Mann aus Havanna: Der kubanische Fotograf Rogelio Moré gönnt sich eine Ruhepause bei seinen großen Brüdern in Ust-Ilimsk in Sibirien.

Biografien der Fotografen

Juri Abramotschkin

Sowjetunion

Juri Abramotschkin
UdSSR/Moskau
Abramotschkin ist seit mehr als 25 Jahren als Fotograf tätig und seit 1961 Mitarbeiter der Presse-Agentur Nowosti. Er hat an zahlreichen internationalen Ausstellungen teilgenommen und seine Arbeiten in Indien, Syrien und überall in Osteuropa gezeigt. Als Fotograf war er bei vielen amerikanisch-sowjetischen Gipfelkonferenzen anwesend und auch bei *A Day in the Life of America* beteiligt. 1986 brachte der Moskauer Planet-Verlag eine Monografie über ihn heraus. (Vgl. S. 1, 123, 131)

Eddie Adams
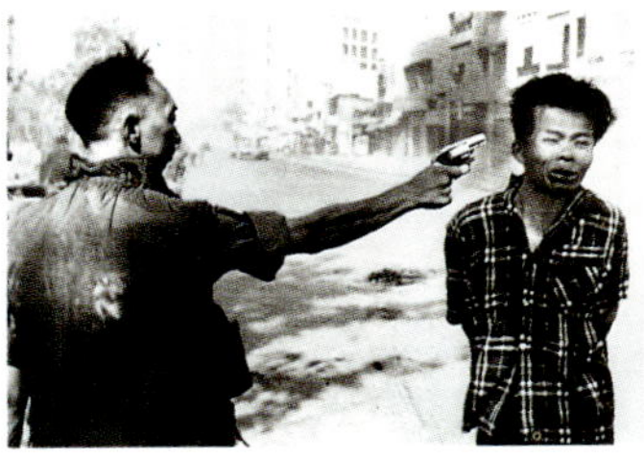
Saigon 1969

Eddie Adams
USA/New York
Adams ist Pulitzer-Preisträger und Gewinner des Silver Grand Prix Award der Advertising Association of Japan und zählt mit über 500 Auszeichnungen zu den am meisten preisgekrönten und publizierten Fotografen der Vereinigten Staaten. Er hat führende Köpfe auf allen Gebieten fotografiert, von Staatschefs bis zu Superstars in Film, Sport und Mode.
(Vgl. S. 138–139, 206/207)

Vitali Arutjunow
UdSSR/Moskau
Als Absolvent des Instituts für Journalismus der Staatlichen Universität Moskau ist Arutjunow seit 1974 Korrespondent der Presse-Agentur Nowosti. Von World Press Photo wurde ihm 1987 die Goldmedaille verliehen. Er hat an Wettbewerben und Ausstellungen von Interpressphoto und anderen Organisationen teilgenommen.

Boris Babanow
UdSSR/Moskau
Babanow ist Absolvent des Instituts für Journalismus der Staatlichen Universität Moskau des Jahres 1973 und arbeitet seither als Korrespondent der Presse-Agentur Nowosti sowie für die Zeitschriften *Sowjetskoje Foto* (Sowjetische Fotografie) und *Sowjetski Sport* (Sowjetischer Sport). Er hat bereits oft in Sibirien wie im sowjetischen Fernen Osten fotografiert und schloß 1986 eine mit einem Preis ausgezeichnete Serie über Afrika ab. Er ist Träger der Goldmedaille von World Press Photo, einer Bronzemedaille aus dem Wettbewerb über die Große Chinesische Mauer und weiterer Auszeichnungen.
(Vgl. S. 107, 135, 160, 168, 230)

James Balog
USA/Boulder (Colorado)
Balog gewann den Wettbewerb 1987 für Natur- und Landschaftsfotografie von World Press Photo sowie mehrere weitere Preise. Er veröffentlicht häufig Beiträge in *National Geographic, Smithsonian* und *Time-Life*-Publikationen. Sein erstes Buch, *Wildlife Requiem*, erschien 1986 in New York. Seine Arbeiten sind in vielen amerikanischen Kunstgalerien und Museen ausgestellt worden. (Vgl. S. 52/53, 84/85, 188/189)

Dimitri Baltermanz

Sowjetunion 1941

Dimitri Baltermanz
UdSSR/Moskau
Als einer der herausragendsten Fotografen der Sowjetunion übt Baltermanz seinen Beruf seit 1936 aus und erlangte weltweite Anerkennung für seine Kriegsfotos aus dem Zweiten Weltkrieg. Baltermanz' Arbeiten sind in aller Welt ausgestellt worden, unter anderem in Moskau, London, New York, Paris, Belgrad und Budapest. Er erhielt zahlreiche Auszeichnungen für sein fotografisches Werk und arbeitet heute im Redaktionsstab von *Ogonjok* (Lichtlein). (Vgl. S. 51)

Letizia Battaglia

Sizilien 1983

Letizia Battaglia
Italien/Palermo
Letizia Battaglia lebt in Sizilien und ist Herausgeberin von *Fotografia*, einer Fotozeitschrift für Frauen und Monatsschrift für Fotografie, Politik und Kultur. Sie leitet La Luna, ein Verlagshaus für Literatur, Soziologie und Anthropologie. Außerdem ist sie künstlerische Leiterin einer Galerie und Schule für Fotografie in Palermo, Il Laboratorio D'If. Früher war sie als Fotografin bei *L'Ora* angestellt. 1985 erhielt sie den angesehenen Eugene Smith Grant zur Weiterführung einer fotografischen Dokumentation der Mafia in Sizilien. (Vgl. S. 226)

Nicole Bengiveno
USA/New York
Nicole Bengiveno ist als Fotografin bei den *New York Daily News* angestellt. Früher arbeitete sie beim *San Francisco Examiner* und errang 1979 den Titel Bay Area Photographer of the Year. 1984 erhielt sie den ersten Preis im Sportfoto-Wettbewerb der Associated Press. 1985 erreichte sie mit ihrer Dokumentation über die Krankheit AIDS die Endausscheidung im Wettbewerb um den Eugene Smith Award. (Vgl. S. 91, 117, 186/187, 196/197, 212/213)

Torin Boyd
USA/Tokio
Torin Boyd begann seine Laufbahn als Sportfotograf mit dem Schwerpunkt Surfing. Er war mehrere Jahre freier Mitarbeiter der Zeitschriften *Florida, Today* und *The Orlando Sentinel* und der Presse-Agentur United Press International (UPI). Heute lebt er vorwiegend in Tokio und publiziert regelmäßig in *Winds, Shukan Asahi* und *Friday*. Außerdem ist er Mitarbeiter der Bildagentur Gamma Press Images. Fotos von Torin Boyd sind auch mehrfach in *Newsweek, Time* und *L'Express* erschienen. Bei den drei letzten *Ein Tag im Leben*-Projekten war er Mitglied des Redaktionsteams. (Vgl. S. 79, 110, 155, 212)

Aaron Chang
USA/San Diego (Kalifornien)
Aaron Chang hat sich auf das Thema Sport spezialisiert. Seit einigen Jahren arbeitet er als verantwortlicher Fotograf für die Zeitschrift *Surfing*. 1982 wurde er mit dem Award of Excellence der American Society of Magazine Photographers ausgezeichnet. Darüber hinaus wählte ihn in demselben Jahr die renommierte Zeitschrift *American Photographer* zu einem der fünf besten Sportfotografen der Vereinigten Staaten von Amerika. Seine Arbeiten sind unter anderem in Publikationen wie *Newsweek, Stern, American Photographer, People* und *Gentlemen's Quarterly* erschienen. (Vgl. S. 92, 100)

Paul Chesley

Alaska 1980

Paul Chesley
USA/Aspen (Colorado)
Chesley ist freischaffender Fotograf und seit 1975 für die National Geographic Society tätig. Er bereist regelmäßig Europa und Asien. Einzelausstellungen seiner Arbeiten wurden von Museen in London, Tokio und New York gezeigt. Seine Fotos erschienen in *Fortune, Time, Esquire, GEO* und *Stern*.
(Vgl. S. 26, 107, 132, 143, 162, 179, 202–203, 204/205, 240)

Jodi Cobb
USA/Washington, D.C.
Jodi Cobb schloß ihr Studium an der University of Missouri mit dem Magisterdiplom ab und arbeitet seit 1977 als Fotojournalistin für die Zeitschrift *National Geographic*. Sie hat zahlreiche Bildessays über China, Jerusalem, Jordanien und London verfaßt. 1985 wurde sie zum ersten weiblichen White House Photographer of the Year gekürt. Eine Fernsehdokumentation der Public Broadcasting Services mit dem Titel „On Assignment" (Im Einsatz) hat sie und ihre Arbeit porträtiert.
(Vgl. S. 86/87, 90, 106)

Jodi Cobb
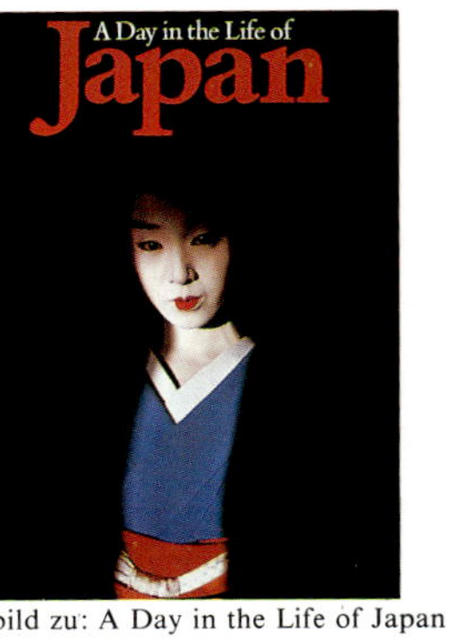

Titelbild zu: A Day in the Life of Japan

Anne Day
USA/New York
Anne Day ist freiberufliche Fotografin, die an *A Day in the Life of Japan* und *A Day in the Life of America* mitgearbeitet hat. Ihre Fotos sind in den Zeitschriften *Time, Newsweek* und *Fortune* und in den Tageszeitungen *The New York Times* und *Le Monde* erschienen. Außerdem hat sie an mehreren Büchern über Architektur mitgearbeitet. In den letzten Jahren hat sie sich vor allem damit beschäftigt, das Leben in Haiti, Nicaragua und Südafrika fotografisch zu dokumentieren.

Jay Dickman
USA/Denver (Colorado)
Dickman war 16 Jahre lang als Zeitungsfotograf im Raum Dallas (Texas) tätig, bevor er nach Colorado ging. Seine Arbeiten sind in den Zeitschriften *National Geographic, Life, Time, Newsweek, Bunte, Stern, GEO* und in anderen bekannten Publikationen erschienen. 1983 wurde er mit dem Pulitzer-Preis ausgezeichnet. Außerdem errang er den ersten Preis im renommierten Wettbewerb von World Press Photo und erhielt den Sigma Delta Chi Award. Darüber hinaus wurde er mit zahlreichen staatlichen und regionalen Auszeichnungen geehrt. Als Juror bei verschiedenen internationalen Fotowettbewerben machte er sich ebenfalls einen Namen. Dickman ist Mitglied mehrerer angesehener regionaler und nationaler Fotografenverbände. (Vgl. S. 14/15, 23, 83, 88/89, 97, 110/111)

oskau 1980

imitri Donskoi
dSSR/Moskau
onskoi ist einer der bekannte-
en Sportfotografen der So-
jetunion und seit 1962 Mitar-
eiter der Presse-Agentur No-
osti. Er errang 146 Auszeich-
ıngen bei internationalen Fo-
wettbewerben, und der Inter-
tionale Journalistenverband
rlieh ihm den Titel eines In-
rnationalen Meisters der Pres-
fotografie. Donskoi unter-
chtet auch Sportfotografie in
nem Sonderseminar am hoch-
gesehenen Institut für Jour-
lismus der Staatlichen Uni-
rsität Moskau.

ergej Edischeraschwili
dSSR/Tiflis (Tbilissi,
eorgische SSR)
discheraschwili stammt aus
eorgien und wurde 1951 in
flis (Tbilissi) geboren. Er ar-
itet seit 20 Jahren bei der
esse und ist Träger von Aus-
ichnungen aus dem Inter-
essphoto-Wettbewerb, der in-
rnationalen Ausstellung „Für
e Kunst der sozialistischen
otografie" und sonstiger so-
etischer und internationaler
eranstaltungen. Seine Arbei-
n hat Edischeraschwili bisher
der DDR und in Jugoslawien
zeigt. (Vgl. S. 143, 208)

'ladimir Fedorenko
dSSR/Moskau
edorenko wurde 1949 in Mos-
u geboren. Seit Abschluß sei-
s Studiums am Institut für
urnalismus der Staatlichen
niversität Moskau arbeitet er
s Korrespondent für die
esse-Agentur Nowosti. Er hat
ine Arbeiten in Polen und
adagaskar ausgestellt und er-
ng 1986 in Peking den ersten
eis im Wettbewerb über die
roße Chinesische Mauer.
gl. S. 159)

erry Ferrante
SA/New York
errante ist spezialisiert auf
udioaufnahmen für Zeitungs-
nd Wirtschaftsunternehmen,
ie *Newsweek*, Germaine Mon-
il, Black & Decker, Seiko-
hren, AT & T und Avon.
gl. S. 12/13)

ana Fineman
SA/New York
ana Fineman studierte am Art
enter College of Design in Pa-
dena und arbeitete mehrere
hre als Assistentin des Promi-
nten-Fotografen Douglas
irkland. Ihre Arbeiten sind in
eitschriften wie *New York*,
eople, US, Stern, Time* und
ewsweek erschienen. Sie ge-
rt der Foto-Agentur Sygma
. Am 4. Mai 1986, zwei Tage
ch den Aufnahmen zu *A Day*
the Life of America, heiratete
den Fotografen Gerd Lud-
ig. Mehr als 200 der besten
otojournalisten der Welt wa-
n bei dem Ereignis zugegen.
gl. S. 169, 218)

Janusch Fogler
Polen/Warschau
Fogler studierte an der Geographischen Fakultät der Universität Warschau und ist heute Chef für Verlagswesen und Journalismus bei MAW (der Jugend-Verlagsagentur). Seine Fotos wurden in Frankreich und Japan veröffentlicht, er hat im Mittleren Osten, in Frankreich und Skandinavien gearbeitet und eine Reihe von Fotobüchern über die UdSSR publiziert. (Vgl. S. 106)

Gerrit Fokkema
Australien/Sydney
Fokkema ist freischaffender Fotograf. Er arbeitete elf Jahre lang bei verschiedenen australischen Zeitungen, darunter *The Sydney Morning Herald*. Mit seinen Arbeiten ist er in den Sammlungen der Australian National Gallery, der New South Wales Art Gallery und der National Library vertreten. (Vgl. S. 32, 98, 142)

Frank Fournier

Kolumbien 1986

Frank Fournier
Frankreich/New York
Die Arbeiten Fourniers sind in vielen Zeitschriften und Zeitungen erschienen, darunter *Time, Newsweek, Paris-Match, Stern, Life* und *The Sunday Times* (London). Er gewann den ersten Preis im Wettbewerb 1986 von World Press Photo und gehört der Agentur Contact Press Images in New York an. (Vgl. S. 227)

Rudolf Frey
Österreich/Rom
Nach Tätigkeiten als Fernsehproduzent und freischaffender Fotograf ging Frey 1978 zum Magazin *Time*. Von seinem Wohnsitz in Rom aus arbeitet er im Mittelmeerraum, in der Sowjetunion und im Vatikan. Für seine Reportage über den Polen-Besuch des Papstes 1981 erhielt er den Robert Capa Award des Overseas Press Club. (Vgl. S. 33/34, 60/61)

Raphaël Gaillarde
Frankreich/Paris
Gaillarde ist einer der führenden Bildreporter der Agentur Gamma. Seine in die Tiefe gehenden Berichte über Weltereignisse sind in zahlreichen europäischen Zeitschriften einschließlich *GEO* erschienen. (Vgl. S. 98/99, 142, 170)

Igor Gawrilow
UdSSR/Moskau
Gawrilow ist Absolvent des Instituts für Journalismus der Staatlichen Universität Moskau des Jahres 1975 und arbeitet als Korrespondent der Zeitschrift *Ogonjok* (Lichtlein). Er hat sich an zahlreichen sowjetischen Fotoausstellungen beteiligt, darunter „Der 100. Geburtstag W. I. Lenins". Er nahm auch an Wettbewerben von Interpressphoto, Europa und World Press Photo teil. (Vgl. S. 140/141)

Nikolai Gnisjuk

Moskau 1981

Nikolai Gnisjuk
UdSSR/Moskau
Gnisjuk hat als Kameramann im Filmatelier Riga (Lettische SSR) gearbeitet und ist Mitglied des Journalistenverbands und des Verbands der Kameramänner. Seit 1968 hat er mehr als 250 Titelbilder und 2500 Fotos für die Filmzeitschrift *Sowjetski Ekran* (Sowjetische Leinwand) geliefert. Gnisjuks Arbeiten wurden überall in Osteuropa ausgestellt, und sein Name ist in der *Encyclopedia of Contemporary Photography* wie auch in der schweizerischen Enzyklopädie *Kamera Obscura* verzeichnet. (Vgl. S. 186)

Diego Goldberg
Argentinien/Buenos Aires
Nach seiner Tätigkeit in Lateinamerika als Korrespondent für *Camera Press* ging Goldberg 1977 als fest angestellter Fotograf der Agentur Sygma Photos nach Paris. 1980 siedelte er nach New York über. Seine Arbeiten wurden in führenden Zeitschriften in aller Welt veröffentlicht. 1984 errang er einen Preis der World Press Photo Foundation für Feature-Fotografie. (Vgl. S. 80, 88, 122/123, 161, 207)

D. Gorton

A Day in the Life of America 1986

D. Gorton
USA/Cincinnati (Ohio)
Gorton arbeitet als freischaffender Fotograf in Cincinnati. Er war Cheffotograf des *Philadelphia Inquirer* und hat als fester Mitarbeiter bei der *New York Times* in New York und Washington, D.C., in den Aufgabenbereichen Weißes Haus und Capitol Hill gearbeitet. Als Redakteur und Fotograf war er maßgeblich beteiligt bei *A Day in the Life of America* und *Ein Tag im Leben der Sowjetunion*. Seine Arbeiten wurden in *Stern, National Geographic, Smithsonian* und *People* veröffentlicht. (Vgl. S. 134/135)

Arthur Grace
USA/Washington, D.C.
Grace lebt in Washington und ist festangestellter Fotograf der Zeitschrift *Newsweek*, für die er mehrere Titelgeschichten, etwa über den New Yorker Gouverneur Mario Cuomo und den Komiker Robert Williams, fotografierte. Die Einzelausstellung seiner Schwarzweißfotografie hatte den Titel „Art Attack". Während seiner 15jährigen Zugehörigkeit zur Agentur Sygma Photos wurden seine Fotos in aller Welt veröffentlicht. (Vgl. S. 106, 158)

Fridrich Grinberg
UdSSR/Moskau
Grinberg ist Absolvent des Instituts für Journalismus der Staatlichen Universität Moskau und arbeitet seit 1965 bei der Presse-Agentur Nowosti. Er hat an verschiedenen Wettbewerben teilgenommen und Preise auf Ausstellungen in der UdSSR, in Kanada, Spanien und der DDR errungen. (Vgl. S. 133)

Sergej Gunejew
UdSSR/Moskau
Gunejew schloß 1973 seine Ausbildung am Moskauer Institut für Luftfahrt ab. Seit 1977 arbeitet er als Korrespondent der Presse-Agentur Nowosti. Für seine Sportfotografie wurde er von World Press Photo, Adidas und Kodak ausgezeichnet. (Vgl. S. 152)

Ivo Hadschimischew
Bulgarien/Sofia
Hadschimischew ist Fotoredakteur der Zeitung *Otetschestwo* (Vaterland) und hat in Europa, der UdSSR, den Vereinigten Staaten und Afrika gearbeitet. Sein Spezialgebiet ist die Porträtfotografie. Seine Arbeiten wurden in Bulgarien, Österreich, der UdSSR, den Niederlanden und Großbritannien ausgestellt. (Vgl. S. 168, 231)

Dirck Halstead
USA/Washington, D.C.
Halsteads Laufbahn als Fotograf begann mit 17 Jahren, als er 1954 die Revolution in Guatemala für *Life* dokumentierte. Während der letzten 30 Jahre hat er für United Press International und die Zeitschrift *Time* bedeutende Weltereignisse begleitet. Er wurde durch den Overseas Press Club, beim Wettbewerb Pictures of the Year, von der White House News Photographers Association und bei anderen Wettbewerben ausgezeichnet. (Vgl. S. 226)

Oleg Homola
Tschechoslowakei/Prag
Homola arbeitet als Fotograf bei der tschechischen Zeitschrift *Swet w Obrasech* (Die Welt in Bildern), wo er sich auf Farbreportagen spezialisiert hat. Von der mongolischen Regierung erhielt er eine Ehrung für sein Fotobuch über die Mongolei und erlangte auch Auszeichnungen in Wettbewerben von World Press Photo, Interpressphoto und Humorphoto. Seine Fotos wurden in dem in Großbritannien erschienenen *1983 Photography Year Book* besonders herausgestellt. (Vgl. S. 180/181)

Graciela Iturbide

A Day in the Life of America 1986

Graciela Iturbide
Mexiko/Mexiko-Stadt
Graciela Iturbide benutzt ihre Kamera dazu, die Poesie des Lebens einzufangen. Sie hat in Mexiko zwei Bücher veröffentlicht und ihre Arbeiten in Paris, Zürich und den USA ausgestellt.

Juri Iwanow
UdSSR/Minsk (Weißrussische SSR)
Iwanow war Fabrikarbeiter und diente in der Roten Armee, bevor er für verschiedene Zeitungen tätig wurde. Er arbeitet seit 1965 als Korrespondent für die Presse-Agentur Nowosti und ist Autor einer Reihe von Fotobüchern über Städte in Weißrußland. (Vgl. S. 34/35, 56/57, 166/167)

Frank Johnston
USA/Washington, D.C.
Johnston begann seine Laufbahn bei United Press International mit Reportagen über den Vietnamkrieg und die Ermordung Kennedys. 1968 ging er zur *Washington Post*, für die er über nationale Ereignisse berichtete. Johnston war Mitverfasser von *The Working White House* und *Jonestown Massacre* und ist dreifacher Träger der Auszeichnung Photographer of the Year der White House News Photographers Association. (Vgl. S. 48/49, 105, 228)

Marina Jurtschenko
UdSSR/Moskau
Nach zweijähriger Tätigkeit an der Geografischen Fakultät der Staatlichen Universität Moskau entschloß sich Marina Jurtschenko, Fotojournalistin zu werden. Sie hat für *Sputnik* und die Wochenzeitung *Moskowskije Nowosti* (Moskauer Nachrichten) gearbeitet und ist seit 1981 Korrespondentin der Presse-Agentur Nowosti. (Vgl. S. 120/121)

Boris Kaufman
UdSSR/Moskau
Kaufman absolvierte eine Ausbildung am Institut für Journalismus der Staatlichen Universität Moskau und ging 1961 als Korrespondent zur Presse-Agentur Nowosti. Seit 1977 ist er Korrespondent der *Moskowskije Nowosti* (Moskauer Nachrichten). Er erhielt eine Goldmedaille von World Press Photo und eine Silbermedaille von Interpressphoto.

Juri Kawer
UdSSR/Moskau
Kawer arbeitete zunächst als Elektroingenieur, bevor er sich dem Fotojournalismus zuwandte. Als Spezialist für Ökologie und Ethnografie ist er seit 1980 für die Presse-Agentur Nowosti tätig und hat zahlreiche Auszeichnungen erlangt, darunter einen Sonderpreis von *Nature*, eine Goldmedaille von World Press Photo und eine Silbermedaille von Interpressphoto. (Vgl. S. 106)

David Hume Kennerly
USA/Los Angeles (Kalifornien)
Kennerly erhielt den Pulitzer-Preis 1972 für seine Feature-Fotografie in Vietnam und war offizieller Fotograf des Weißen Hauses unter Präsident Ford. 1982 wurde er mit dem Olivier Rebbot Award des Overseas Press Club ausgezeichnet und ist zur Zeit Vertragsfotograf des Magazins *Time*. Kennerly hat eine Autobiografie unter dem Titel *Shooter* geschrieben und auch bei einem dramatischen 30-Minuten-Film, *Bao Chi*, Regie geführt. (Vgl. S. 6/7, 16, 40/41, 42, 43, 96, 156/157, 198)

Douglas Kirkland
Los Angeles 1962

Douglas Kirkland
Kanada/Los Angeles (Kalifornien)
Kirkland gehört zu den bekanntesten Star- und Prominentenfotografen der Welt. Seine 25jährige Tätigkeit in diesem Beruf umfaßt Kameraarbeiten mit Marilyn Monroe, Judy Garland, Barbra Streisand und Christie Brinkley. Er war Mitbegründer von Contact Press Images und arbeitet zur Zeit mit Sygma Photos zusammen. Eine Darstellung seines Werks kommt 1988 bei Collins Publishers heraus. (Vgl. S. 166)

Wjatscheslaw Kiseljow
UdSSR/Moskau
Kiseljow arbeitet seit 20 Jahren als Fotojournalist und ist seit 1987 Angehöriger der Presse-Agentur Nowosti. Er erhielt Auszeichnungen von Interpressphoto und auf verschiedenen sowjetischen und internationalen Ausstellungen während der letzten zehn Jahre. Er hat mehrere Bücher geschrieben und ist einmal 96 000 Kilometer rund um die Sowjetunion gereist, um über sowjetische Grenzposten zu berichten. (Vgl. S. 222/223)

Gennadi Koposow
UdSSR/Moskau
Koposow ist zur Zeit Leiter der Fotoabteilung der Zeitschrift *Ogonjok* (Lichtlein). Als Korrespondent bereiste er Finnland, Vietnam, Senegal, Sri Lanka, Australien, die Arktis und die Antarktis – über die beiden letzteren brachte er sein Buch *An zwei Polen* heraus. Zusammen mit Lew Scherstennikow ist Koposow auch Mitverfasser von zwei Büchern über die Kunst des Fotojournalismus. Er hat seine Arbeiten überall in Osteuropa, in Moskau und Washington ausgestellt und mehrere Auszeichnungen von World Press Photo, Interpressphoto und bei weiteren internationalen Wettbewerben erlangt. (Vgl. S. 78/79)

Juri Koroljow
UdSSR/Moskau
Koroljow begann zu fotografieren, als er während des Zweiten Weltkriegs an der Front war. Nach dem Besuch des Instituts für Kinematografie in Moskau arbeitet er seit 1959 für die Zeitung *Sowjetski Sojus* (Sowjetunion). 1967 verbrachte er als Gast der Zeitschrift *Life* zwei Monate in Amerika und hat auch in *Sports Illustrated, Time* und *People* Arbeiten publiziert.

Pawel Kriwzow
UdSSR/Moskau
Kriwzow war in Belgrad als Sonderkorrespondent der Zeitung *Sowjetskaja Russija* (Sowjetrußland) tätig und gehört seit 1986 zur Redaktion der Zeitschrift *Ogonjok* (Lichtlein). Er hat Preise bei zahlreichen Fotowettbewerben und Ausstellungen gewonnen. (Vgl. S. 95, 154, 190/191)

Steve Krongard
USA/New York
Krongards Tätigkeit reicht vom Realen bis zum Phantastischen. Zu seinen Auftraggebern auf dem Werbesektor zählen American Express, IBM, Kodak, AT & T, Polaroid und viele andere. Seine Fotos sind in den meisten größeren amerikanischen und europäischen Zeitschriften erschienen. (Vgl. S. 152/153, 192/193, 231)

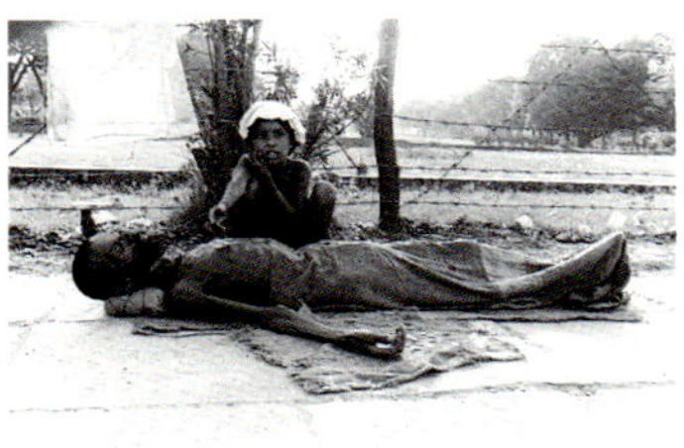
Jean-Pierre Laffont
Bangladesh 1979

Jean-Pierre Laffont
Frankreich/New York
Laffont besuchte die angesehene Schule für Graphische Kunst in Vevey in der Schweiz, bevor er während des Algerienkriegs in der französischen Armee diente. Er ist Gründungsmitglied der Foto-Agenturen Gamma USA und Sygma und seit 1973 Teilhaber von Sygma. Er erhielt Preise von der New York Newspaper Guild und dem Overseas Press Club sowie den Madelein Dane Ross Award, den World Press General Picture Award und den Nikon World Understanding Award. Seine Arbeiten erscheinen regelmäßig in den führenden Nachrichtenmagazinen der Welt. (Vgl. S. 4/5, 94, 99, 112/113)

Wladimir Lagranz
UdSSR/Moskau
Lagranz hat am Institut für Journalismus der Staatlichen Universität Moskau studiert. Er begann seine Laufbahn 1959 bei der Nachrichtenagentur TASS und ging 1963 zur Zeitung *Sowjetski Sojus* (Sowjetunion). Er hat an zahlreichen sowjetischen und internationalen Fotoausstellungen teilgenommen und verschiedene Medaillen und Urkunden erlangt. (Vgl. S. 28, 44/45)

Frans Lanting
Titelbild zu: A Day in the Life of America

Frans Lanting
Niederlande/Santa Cruz (Kalifornien)
Lanting ist freischaffender Fotograf und tätig für *National Geographic, GEO* und viele weitere Zeitschriften. Er hat mehrere Bücher verfaßt und ist Träger von Auszeichnungen von World Press Photo, Pictures of the Year und der American Society of Magazine Photographers. (Vgl. S. 10/11, 50, 109, 169, 210/211)

Sarah Leen
USA/Philadelphia (Pennsylvania)
Sarah Leen ist Absolventin der Schule für Journalismus an der Universität Missouri und seit fünf Jahren beim *Philadelphia Inquirer* tätig. 1986 erhielt sie bei der Verleihung der Robert F. Kennedy-Preise eine ehrenvolle Erwähnung für ihren Beitrag über die Alzheimersche Krankheit. (Vgl. S. 80, 150/151)

Andy Levin
USA/New York
Levin lebt als Fotojournalist in New York. Seine Fotos erschienen in Zeitschriften wie *Life, National Geographic, People* und *Parade*. Er hat bereits über zahlreiche Themen, von Farmern in Nebraska bis zu Rap-Musikern, berichtet. Im Wettbewerb Pictures of the Year der National Press Photographers Association wurde er sowohl 1985 als auch 1986 mit höchsten Ehren ausgezeichnet. (Vgl. S. 31, 140, 164, 171)

Gerd Ludwig
Saudi-Arabien 1976

Gerd Ludwig
Bundesrepublik Deutschland/New York
Als Gründungsmitglied der Foto-Agentur Visum in Hamburg liefert Ludwig auch regelmäßig Beiträge für *GEO, Life, Fortune* und andere Zeitschriften. Er ist Mitglied der Deutschen Gesellschaft für Photographie. Am 4. Mai 1986, zwei Tage nach den Aufnahmen zu *A Day in the Life of America*, heiratete er die Fotografin Dana Fineman. Über 200 der besten Fotojournalisten der Welt waren bei der Hochzeit zugegen. (Vgl. S. 118, 168, 214/215)

Alexandr Makarow
UdSSR/Moskau
Alexandr Makarow hat zahlreiche Objekte fotografiert, Krankenhäuser ebenso wie Öl-Pipelines, aber sein Lieblingsthema war stets das Ballett. Er hat die Karrieren von berühmten sowjetischen Tänzerinnen und Tänzern aufmerksam verfolgt und dokumentiert. Seit 1962 ist er Korrespondent der Presse-Agentur Nowosti, seine Arbeiten wurden sowohl in Ost- wie Westeuropa ausgestellt, seine Bücher über das Ballett wurden in der UdSSR, in Amerika, Jugoslawien, Italien, der Schweiz, England und Japan verlegt. Makarow erhielt bereits mehr als 50 Auszeichnungen, darunter den Golden Eye Award beim Wettbewerb 1986 von World Press Photo.

Oleg Makarow
UdSSR/Moskau
Oleg Makarow arbeitete zuerst als Landwirtschaftsmechaniker, bevor er 1963 als Berufsfotograf zur Zeitung *Leningradskaja Prawda* kam. Seit 1968 ist er Mitarbeiter der Presse-Agentur Nowosti. Er hat überall in Europa Preise erlangt und erhielt den World Peace Council Prize auf der Ausstellung von Interpressphoto in Syrien. (Vgl. S. 114/115, 199)

Mary Ellen Mark
A Day in the Life of America

Mary Ellen Mark
USA/New York
Die Gewinnerin zahlreicher Preise und Förderpreise Mary Ellen Mark hat ihre Arbeiten überall in der Welt ausgestellt und veröffentlicht. 1985 erhielt sie den Robert F. Kennedy-Preis und 1986 den Philippe Halsman Award für Fotojournalismus der American Society of Magazine Photographers. Ihre Arbeiten erscheinen regelmäßig in *Life, The Sunday Times* (London), *Stern, Vanity Fair* und *The New York Times*. (Vgl. S. 30, 68–69)

Stephanie Maze
USA/Rio de Janeiro
Seit 1979 ist Stephanie Maze freischaffende Fotografin für *National Geographic* und war in den USA, in Mexiko, Spanien, Portugal, Costa Rica, Puerto Rico und Brasilien tätig. Sie ist Inhaberin mehrerer von Kalifornien und Washington verliehener Preise für Pressefotografen, war bei drei Olympiaden tätig und arbeitet zur Zeit in Lateinamerika für mehrere amerikanische und ausländische Publikationen. (Vgl. S. 22/23, 25, 70/71, 118/119, 168, 185, 201, 214, 229)

Wally McNamee
USA/Washington, D.C.
Während seiner 30jährigen Berufstätigkeit als Fotograf hat McNamee für *Newsweek* und *The Washington Post* gearbeitet. Er hat mehr als 100 Titelbilder für *Newsweek* fotografiert und unter anderem viermal den Titel Photographer of the Year der White House News Photographers Association erhalten. (Vgl. S. 130/131, 208)

Dilip Mehta
Bhopal 1984

Dilip Mehta
Kanada/Toronto (Ontario)
Als internationaler Fotojourna list und Mitglied von Contact Press Images hat Mehta die un terschiedlichsten Themen bear beitet, die Tragödie von Bhopa ebenso wie politische Entwicklungen in Indien, Pakistan, de Vereinigten Staaten und Afgha nistan. Mehtas Bildessays sind in *Time, Newsweek, GEO, Bunte, The New York Times, Pa ris-Match, Figaro, The Sunday Times* (London) und anderen führenden Blättern rund um di Welt erschienen. Er hat zwei World Press Gold Awards und den Overseas Press Club Awar gewonnen. (Vgl. S. 22, 36/37, 46/47, 100/101, 102/103, 143, 148/149, 178/179)

Claus C. Meyer
Bundesrepublik Deutschland/Rio de Janeiro
Meyer ist Mitglied der Foto-Agentur Black Star und wurde 1985 von Communication World unter die jährlichen zeh besten Bildberichterstatter der Welt gewählt. Seine Arbeiten auf dem Gebiet der Farbfotografie fanden die öffentliche Anerkennung von Kodak und Nikon, und 1981 gewann er de International Grand Prize von Nikon. Er hat mehrere Bücher über Brasilien veröffentlicht. (Vgl. S. 29, 62–63, 84)

Corneliu Mocanu
Rumänien/Bukarest
Mocanu ist einer der bekannte sten Fotografen Rumäniens und Mitglied der rumänischen Presse-Agentur Agerpress. Er erhielt zahlreiche Ehrungen und wurde beim Interpress-photo-Wettbewerb 1983 zum Internationalen Meister der Fc tografie gekürt. Seine Arbeiten wurden überall in Europa sow in der Sowjetunion, den Vereinigten Staaten, Australien, Japan, Iran, Irak und Kuwait ve öffentlicht. (Vgl. S. 38)

Alexandr Moklezow
UdSSR/Moskau
Als Absolvent des Staatlichen Konservatoriums ist Moklezov ausgebildeter Musiker. Während des Zweiten Weltkriegs ta er in der Bildberichterstatter-Division der Sowjetischen Streitkräfte Dienst und wurde mit vier Orden und fünf Medaillen ausgezeichnet.

ogelio Moré
uba/Havanna
Ioré absolvierte die Maler-chule San Alejandro. Als Foto-orrespondent der kubanischen achrichtenagentur AIN hat er uch an zahlreichen Ausstellun-en und Wettbewerben teilge-ommen und wurde für seine rbeiten zweimal vom kubani-hen Kultusminister ausge-ichnet. (Vgl. S. 231)

an Morek
olen/Warschau
Iorek arbeitet als Reporter für ie polnische Nachrichten-gentur Interpress. Er hat an ternationalen Ausstellungen ilgenommen und erlangte 987 eine Auszeichnung von Vorld Press Photo. Morek hat hlreiche Fotobücher veröf-ntlicht. (Vgl. S. 55, 158/159)

natoli Morkowkin
JdSSR/Moskau
Iorkowkin gehört seit 1979 em Mitarbeiterstab der Nach-chtenagentur TASS an. Er ahm an Fotowettbewerben on World Press Photo, Inter-ressphoto und Bi-Photo teil. Vgl. S. 94/95)

Day in the Life of America

Iatthew Naythons
SA/San Francisco Kalifornien)
ls Berufsjournalist und Arzt at Naythons die meiste Zeit ines Lebens zwischen der otoberichterstattung über 'eltereignisse für das Magazin *ime* und seiner Arbeit im Un-llkrankenhaus in San Fran-sco gewechselt. 1979 gründete einen medizinischen Not-enst für die Betreuung von üchtlingen aus Kambodscha nd Thailand. Seine fotografi-hen Arbeiten erscheinen gelmäßig in führenden Zeit-hriften. (Vgl. S. 156)

eny Norasingh
SA/Raleigh (North Carolina)
er aus Laos stammende Nora-ngh arbeitet heute in Cary im S-Staat North Carolina als reiberufler für die Zeitschrift *'ational Geographic*. Früher ar er für den *Raleigh News nd Observer*, die *Gastonia Ga-tte* und den *Daily Advance* tig. Er wurde zweimal zum ews Photographer of the Year North Carolina gewählt. 'gl. S. 92/93, 118, 162/163)

raeme Outerbridge
ermuda/Hamilton
uterbridge erhielt 1985 die hrung „Herausragende junge ersönlichkeit des Jahres" in ermuda. Seine Arbeiten hat er New York, Washington, .C., London, Boston und Hel-nki ausgestellt. Veröffentlicht urden seine Fotos in verschie-enen Zeitschriften, darunter *'ogue* und *The New Yorker*. ein erstes Buch trägt den Titel *ermuda Abstracts*. Zur Zeit beitet er an einem Buch über rücken. (Vgl. S. 220/221)

Wladimir Perwenzew
UdSSR/Moskau
Perwenzew schloß 1954 sein Studium der Philologie an der Staatlichen Universität Moskau ab und begann seine Laufbahn als Redakteur für verschiedene sowjetische Publikationen, bevor er sich der Fotografie zuwandte. Seit 1961 arbeitet er bei der Presse-Agentur Nowosti und hat sich an verschiedenen sowjetischen und internationalen Fotowettbewerben beteiligt. Seine Arbeiten wurden in der UdSSR, Ungarn, der Tschechoslowakei, Bulgarien, Angola, Mali, Burkina Faso und Algerien ausgestellt. (Vgl. S. 107)

Bill Pierce
USA/New York
Pierce ist Vertragsfotograf des Magazins *Time* und wird durch die internationale Foto-Agentur Sygma vertreten. Er ist Absolvent der Universität Princeton und gewann 1983 den Olivier Rebbot Award des Overseas Press Club für seine internationale Fotoberichterstattung in Belfast und Beirut. Außer in *Time* sind seine Arbeiten auch in *Life, Paris-Match, The New York Times* und *Stern* erschienen. (Vgl. S. 202)

Valeri Plotnikow
UdSSR/Leningrad
Plotnikow ist Absolvent des Instituts für Kinematografie und arbeitet als freischaffender Fotograf in Leningrad. Er hat seine Arbeiten überall in der Sowjetunion sowie in Ungarn, der Tschechoslowakei, Bulgarien und den Vereinigten Staaten ausgestellt und Ehrungen bei Wettbewerben in Bulgarien, Spanien, der Tschechoslowakei und der Sowjetunion errungen. Plotnikow hat sich durch seine Porträts sowjetischer Schauspieler, Regisseure, Künstler und Musiker einen Namen gemacht. (Vgl. S. 228)

Sergej Podlesnow
UdSSR/Moskau
Von 1961 bis 1985 arbeitete Podlesnow als künstlerischer Leiter bei der Zeitschrift *Semja i Schkola* (Familie und Schule). 1985 beendete er seine Ausbildung an dem dem sowjetischen Journalistenverband angeschlossenen Institut für Journalismus und wurde Korrespondent der Zeitschrift *Rabotniza* (Arbeiterin). Heute ist er bei der Zeitung *Moskowskije Nowosti* (Moskauer Nachrichten) tätig.

Alexandr Poljakow
UdSSR/Moskau
Poljakow ist Absolvent des Instituts für Journalismus der Staatlichen Universität Moskau. Er arbeitet seit 1976 für die Presse und ging 1983 zur Presse-Agentur Nowosti. 1986 erhielt er eine Goldmedaille von World Press Photo. (Vgl. S. 76/77, 186)

Larry C. Price
USA/Philadelphia (Pennsylvania)
Price ist zur Zeit Direktor für Fotografie beim *Philadelphia Inquirer's Sunday Magazine*. Vorher arbeitete er für die *El Paso Times* und den *Fort Worth Star-Telegram*. Seit Beginn seiner Fotografenlaufbahn im Jahre 1977 hat Price zweimal den Pulitzer-Preis erhalten: 1981 für seine Berichterstattung über den Putsch in Liberia, 1985 für seine Fotos aus Angola und El Salvador. Seine Arbeiten wurden auch vom Overseas Press Club, von World Press Photo und der National Press Photographers Association ausgezeichnet. (Vgl. S. 17, 224/225)

Nikola Radosevic
Jugoslawien/Belgrad
Radosevic ist einer der bekanntesten Fotografen Jugoslawiens und Redakteur bei *Fotografia a Video*, der Zeitschrift des jugoslawischen Verbands der Berufsfotografen. Er ist auch Gründer und Vizepräsident des Verbands europäischer Fotografen. Er erhielt mehr als 75 Auszeichnungen und wurde vor kurzem von den Vereinten Nationen für seine Arbeit geehrt.

Roger Ressmeyer

Titelbild zu: A Day in the Life of Canada

Roger Ressmeyer
USA/San Francisco (Kalifornien)
Als Absolvent der Universität Yale hat Ressmeyer Titelfotos und Beiträge für *Smithsonian, People, Time, Newsweek* und *Life* fotografiert. Seine Arbeiten erschienen auch auf den Titelseiten vieler Bücher. Der Gründer der Foto-Agentur Starlight in San Francisco hat zahlreiche Preise für seine Porträtarbeiten sowie für seine Fotos auf den Gebieten der Hochtechnologie und der Mode errungen. (Vgl. S. 125, 126/127)

Jim Richardson
USA/Denver (Colorado)
Richardson ist heute Sonderberichterstatter der *Denver Post* und hat Artikel über seinen Heimatstaat Kansas in *Life, American Photographer* und *Country Journal* veröffentlicht. Durch den World Understanding Award wurde ihm 1975, 1976 und 1977 besondere Anerkennung zuteil. (Vgl. S. 56, 149)

Wladimir Rodjonow
UdSSR/Moskau
Rodjonow ist seit 1972 als Korrespondent für die Presse-Agentur Nowosti tätig. Er hat in Bulgarien, Ungarn, Algerien und Afghanistan gearbeitet und erhielt Auszeichnungen von World Press Photo, der Zeitschrift *Freie Welt*, im Wettbewerb über die Große Chinesische Mauer und bei anderen internationalen Fotowettbewerben. (Vgl. S. 107)

Galen Rowell

Japan 1985

Galen Rowell
USA/Albany (Kalifornien)
Rowell ist Landschaftsfotograf, hat sieben großformatige Bücher sowie in *National Geographic* und *Sports Illustrated* publiziert. Er erhielt den Ansel Adams Award 1984 für Landschaftsfotografie und hatte zahlreiche Einzelausstellungen. (Vgl. S. 64–65)

Viktor Rudko
UdSSR/Tallin (Estnische SSR)
Rudko arbeitet seit 1971 bei der Nachrichtenagentur TASS in Tallin. Er hat viele Preise bei sowjetischen Fotowettbewerben gewonnen und an Wettbewerben von World Press Photo sowie Interpressphoto teilgenommen. (Vgl. S. 147)

Sebastiao Salgado
Brasilien/Paris
Salgado hat Volkswirtschaft studiert und arbeitet heute mit der Foto-Agentur Magnum zusammen. Seine Arbeiten sind in *Time, Paris-Match, Stern, The Sunday Times* (London) und *Fortune* erschienen. Für seine Forschungen über die eingeborenen Völker Lateinamerikas erhielt er 1982 den Eugene Smith Award und 1984 den World Press Award für seine Arbeiten über Äthiopien. (Vgl. S. 58/59)

Sergej Samochin
UdSSR/Moskau
Samochin begann seine Tätigkeit 1979 bei der Presse-Agentur Nowosti, und zwar zuerst im Fotolabor und dann als Korrespondent. Er gilt als eines der aufstrebenden Talente im sowjetischen Fotojournalismus. (Vgl. S. 24)

Lew Scherstennikow
UdSSR/Moskau
Scherstennikow ist seit 1962 Mitarbeiter der Zeitschrift *Ogonjok* (Lichtlein). Er ist Mitglied des Redaktionsausschusses der Zeitschrift *Sowjetskoje Foto* (Sowjetische Fotografie), und zusammen mit Gennadi Koposow ist er Verfasser von zwei Büchern über Fotojournalismus. (Vgl. S. 8/9, 238/239)

Bernd-Horst Sefzik
DDR/Ost-Berlin
Sefzik ist Mitglied des Verbands Graphischer Künstler der DDR und hat seine Arbeiten bisher in der Bundesrepublik Deutschland, Kuba, Ungarn, der UdSSR und in Paris gezeigt. Er erhielt mehrere Auszeichnungen für Fotografie. (Vgl. S. 20/21, 146, 200/201)

Alexandr Senzow
UdSSR/Moskau
Senzow arbeitet seit 1973 bei der Nachrichtenagentur TASS. Seine Arbeiten wurden unter anderem von Interpressphoto, Bi-Photo und der Zeitschrift *Freie Welt* ausgezeichnet. (Vgl. S. 110)

Wladimir Sjomin
UdSSR/Moskau
Sjomin brachte viele Jahre mit Reisen und Arbeiten auf anderen Gebieten zu, bevor er Fotograf wurde. Nach sieben Jahren Tätigkeit bei der Presse-Agentur Nowosti gab er den Journalistenberuf auf, um freischaffender Fotograf zu werden, wobei er viel mit der Moskauer Jugendwochenschrift *Sobesednik* (Gesprächspartner) zusammenarbeitet. Er nimmt regelmäßig am Wettbewerb von World Press Photo und anderen Wettbewerben teil.

Neal Slavin
USA/New York
Slavin ist Inhaber zahlreicher Auszeichnungen und veröffentlicht regelmäßig in *The Sunday Times* (London), *Stern, GEO, Town & Country* und *Connaisseur*. Seine Arbeiten sind in Einzel- und Gruppenausstellungen gezeigt worden. Sein neuestes Buch trägt den Titel *Britons*. (Vgl. S. 37, 172–175, 176/177)

Rick Smolan

Titelbild zu: National Geographic 1978

Rick Smolan
USA/New York
Smolan war Kodirektor des vorliegenden Projekts *Ein Tag im Leben der Sowjetunion* und hat zuvor bereits zusammen mit David Cohen die Bände *A Day in the Life of Australia* (1981), *A Day in the Life of Hawaii* (1983), *A Day in the Life of Canada* (1984), *A Day in the Life of Japan* (1985) und *A Day in the Life of America* (1986) veröffentlicht. Vor dieser Herausgebertätigkeit war Smolan Fotojournalist, dessen Arbeiten in führenden Publikationen erschienen sind, darunter *Time* und *National Geographic*. (Vgl. S. 19, 40, 42/43, 54, 104/105, 169, 229)

Felix Solowjow
UdSSR/Moskau
Solowjow fotografiert seit seiner Kindheit, beruflich seit 1959. Als Freiberufler, der sich in allen Genres betätigt, hat er seine Fotos in vielen sowjetischen Publikationen sowie bei Associated Press und in westlichen Zeitschriften, wie *Stern, Der Spiegel* und *Quick*, veröffentlicht. (Vgl. S. 144–145, 182/183, 218/219)

Juri Somow
UdSSR/Moskau
Somow ist Absolvent des Höheren Instituts für Fotografie und seit 1958 als Korrespondent für die Presse-Agentur Nowosti tätig. Er hat in über 60 Ländern gearbeitet und zahlreiche Auszeichnungen, darunter fünf Goldmedaillen, erhalten.

Andrew Stawicki
Kanada/Toronto (Ontario)
Nach Tätigkeiten als festangestellter Fotograf bei der *Bild-Zeitung* in Frankfurt und bei *Swiatowid* in Warschau ging Stawicki 1983 zum *Toronto Star*. Er hat mehrere Preise in Polen und den Niederlanden gewonnen und seine Arbeiten in Polen und Kanada ausgestellt. (Vgl. S. 88)

George Steinmetz
USA/San Francisco (Kalifornien)
Steinmetz studierte an der Universität Stanford Geophysik und trampte danach zweieinhalb Jahre lang durch über 20 afrikanische Länder. Seine Arbeiten erscheinen regelmäßig in *Fortune, Forbes, GEO, Mother Jones* und *The New York Times Magazine*. Zur Zeit arbeitet er an einer Reportage über Ölsuche für die Zeitschrift *National Geographic*. (Vgl. S. 38/39, 82, 182)

Patrick Tehan
USA/Santa Ana (Kalifornien)
Ein Foto in *A Day in the Life of America* brachte Tehan höchste Ehrungen beim Wettbewerb Pictures of the Year der National Press Photographers Association ein. 1981 wurde Tehan von der N.P.P.A. regional zum Photographer of the Year gewählt. Er ist zur Zeit beim *Orange County Register* in Santa Ana in Kalifornien angestellt. (Vgl. S. 114)

Jan Tichonow
UdSSR/Riga (Lettische SSR)
Tichonow arbeitet bei der Presse-Agentur Nowosti in Riga und erhielt den Titel „Ehrenvoller Arbeiter der Lettischen SSR" verliehen. Er erlangte über 100 Erwähnungen in internationalen Wettbewerben einschließlich des Großen Preises in dem Wettbewerb „Mensch und Meer" in Polen. 1987 erhielt er die Goldmedaille auf einer großen Ausstellung in Moskau für sein Farbfoto „Lettischer Volkstänzer". (Vgl. S. 26/27, 142)

Tomasch Tomaschewski
Polen/Warschau
Tomaschewski ist Vizepräsident des Verbands polnischer Kunstfotografen. Seine Arbeiten erscheinen in vielen internationalen Publikationen, wie *National Geographic, Paris-Match, Stern, Domenica Christiana* und *La Vie*. Sein Buch *Die letzten Juden in Polen* kam 1981 in der Schweiz und 1986 in den Vereinigten Staaten heraus. Seine Fotos wurden in Polen, Frankreich, Schweden, Kanada und den Vereinigten Staaten ausgestellt. Er gewann mehrere Preise in Polen und Frankreich. (Vgl. S. 107)

Viktor Tschernow
UdSSR/Moskau
Tschernow stammt aus einer Familie von Fotografen, wurde aber erst in mittleren Jahren Berufsfotograf, nachdem er als Mechaniker, Metallarbeiter und Laborassistent gearbeitet hatte. Als Angehöriger der Presse-Agentur Nowosti ist Tschernow auf Reportagen und Charakterskizzen spezialisiert. Von World Press Photo erhielt er eine Goldmedaille sowie den Golden Eye Award verliehen. (Vgl. S. 66–67)

Wladimir Tschistjakow
UdSSR/Moskau
Seit 1984 hat Tschistjakow seine Kameras zum Nordpol, durch die Karakum-Wüste, in Vulkankrater und in das zerstörte Kernkraftwerk Tschernobyl sowie auf eine Expedition von 9600 Kilometern im Hundeschlitten durch die Arktis mitgenommen. Er ist seit 1972 Korrespondent der Presse-Agentur Nowosti und erhielt Auszeichnungen von World Press Photo, Interpressphoto, des Journalistenverbands der UdSSR und bei sonstigen Wettbewerben. Tschistjakows Fotos der Arktis sind in dem Buch *Der Mensch und die Arktis* erschienen.

David C. Turnley
USA/Detroit (Michigan)
David C. Turnley ist seit 1980 angestellter Fotograf der *Detroit Free Press*. Zur Zeit arbeitet er an einem Projekt für *National Geographic* und *The Detroit Free Press* über Afrikander. Seine Arbeit in Südafrika brachte ihm 1986 eine Erwähnung des Overseas Press Club für die beste Zeitungsberichterstattung aus dem Ausland. In jedem der letzten vier Jahre haben Turnleys Titelgeschichten vom Overseas Press Club einen Preis oder eine Erwähnung für die beste Fotoberichterstattung erhalten. 1986 erlangte er drei Preise von World Press Photo, darunter den Oscar Barnack Award und den Canon Essayist Award. (Vgl. S. 2/3, 158, 165, 184)

Peter Turnley
USA/Paris
Peter Turnley studierte an der Universität Michigan, der Sorbonne und dem Institut d'Etudes Politiques in Paris, bevor er Fotograf wurde. Er ist jetzt Vertragsfotograf in Paris für *Newsweek* und bearbeitet Europa, die UdSSR, Nordafrika und den Mittleren Osten. Turnley, der ein Buch mit dem Titel *A Food Lover's Guide to Paris* veröffentlichte, hat an Ausstellungen in den Vereinigten Staaten und Frankreich teilgenommen und mehrere französische Preise für Fotografie gewonnen. 1986 wurde er vom Overseas Press Club für seine internationale Berichterstattung geehrt.

Jerry Valente
USA/New York
Valente ist spezialisiert auf Hotelwerbung, doch umfaßt seine Tätigkeit auch journalistische Arbeiten, Firmenwerbung und Jahresberichte der Industrie. Seine Fotos sind in *A Day in the Life of America* erschienen, und er hofft, künftig auch Preise zu erlangen. (Vgl. S. 128/129)

John Vink
Belgien/Brüssel
Vink arbeitet seit 1971 als freischaffender Fotograf. Seine Arbeiten erscheinen in *Time, Le Monde* und *Liberation*. Zur Zeit fotografiert er für persönliche Projekte in Italien und in der Sahelzone in Afrika. Seine Fotos sind bereits auf 30 Gruppen- und Einzelausstellungen in Europa gezeigt worden. 1986 erhielt er den Eugene Smith Award. (Vgl. S. 227)

Grace Kennan Warnecke
USA/New York
Grace Warnecke ist Freiberuflerin und fotografiert in erster Linie für Film- und Fernsehproduktionen. Sie spricht fließend Russisch und war in der Sowjetunion für den Senator Edward M. Kennedy, Joan Baez, ABC und Metromedia tätig, für *Newsweek* hat sie über die Olympischen Spiele in Moskau berichtet. (Vgl. S. 230)

Wladimir Wjatkin

Afghanistan 1985

Lajos Weber
Ungarn/Budapest
Weber begann seine Fotografenlaufbahn im Jahre 1967 und arbeitet seit 1979 als Reporter beim ungarischen Pressedienst MTI. Er ist auf Sport- und politische Reportagen spezialisiert, hat mit Erfolg an vielen internationalen Fotowettbewerben teilgenommen und Preise von World Press Photo und Interpressphoto errungen. 1986 erhielt er den ersten Preis bei den „Spielen des Guten Willens" für sein Foto „Sport – die Brücke des Friedens". (Vgl. S. 80/81)

Viktor Welikschanin
UdSSR/Moskau
Welikschanin begann seine Laufbahn als Fotojournalist bei der Nachrichtenagentur TASS 1968. In den letzten Jahren hat er in großem Umfang über Kunst in der Sowjetunion berichtet und eine Reihe von Vorlesungen über Fotografie an der Staatlichen Universität Moskau gehalten. Er erhielt eine Goldmedaille von Interpressphoto und den Sport Ambassador of Peace Award in Bronze und hat an Wettbewerben von World Press Photo teilgenommen.

Juri Wendelin
UdSSR/Tallin (Estnische SSR)
Wendelin begann seine Laufbahn als Fotograf im Jahre 1973 und arbeitet seit 1974 als Korrespondent für die Nachrichtenagentur TASS. Er war Teilnehmer und Preisträger sowjetischer und internationaler Ausstellungen, darunter von World Press Photo und Interpressphoto. Seine Arbeiten zeigte er auch auf einer Ausstellung in Finnland. (Vgl. S. 108/109, 195)

Mark S. Wexler

Titelbild zu: Smithsonian 1987

Mark S. Wexler
USA/New York
Wexler durchreist die Welt als Fotograf für eine Reihe von journalistischen und gewerblichen Auftraggebern, darunter *Time, Life, Smithsonian* und *GEO*. Er hat drei Auszeichnungen von World Press Photo für seine Arbeit an *A Day in the Life of Japan* erhalten. (Vgl. S. 150, 151)

Wladimir Wjatkin
UdSSR/Moskau
Wjatkin arbeitet seit 1968 bei der Presse-Agentur Nowosti, und zwar als Designer und auch als Korrespondent. 1985 wurde er vom Internationalen Journalistenverband zum Internationalen Meister der Pressefotografie gewählt und gewann im gleichen Jahr den Preis des Journalistenverbands der UdSSR. Zu seinen zahlreichen Auszeichnungen gehören der Golden Eye Award und die Goldmedaille von World Press Photo im Jahre 1986 wie höchste Ehrungen in Wettbewerben von Interpressphoto und dem Wettbewerb über die Große Chinesische Mauer. Wjatkin lehrt auch am Institut für Journalismus der Staatlichen Universität Moskau. (Vgl. S. 18/19, 74, 75, 168, 194)

Magsarim Zerenschamz
Mongolei/Ulan-Bator
Zerenschamz ist seit 20 Jahren Berufsfotograf und hat sich auf den Fotojournalismus spezialisiert. Er ist Gewinner des Großen Preises von Interpressphoto und verschiedener Medaillen bei Wettbewerben in Moskau, Ulan-Bator, Prag, Tokio, Berlin und Havanna. Er ist Laureat des Verbands mongolischer Journalisten und arbeitet an der Zeitung *Unen* in Ulan-Bator. (Vgl. S. 227)

Mitherausgeber

Ira Shapiro
USA/New York
Shapiro ist Gründer und Präsident der American Showcase, Inc., die ein umfangreiches Programm von Büchern über Fotografie, Illustration und graphische Gestaltung, von Zeitschriften sowie eines der meistverkauften graphischen Jahrbücher verlegt. Shapiro war früher Kurator der Nikon Gallery in New York und ist Mitbegründer der Zeitschrift *Photography*. Seine Besorgnis wegen der immer wiederkehrenden Alpträume seiner Tochter Josslyn von einem Atomkrieg bewog ihn zu seiner maßgeblichen Mitwirkung bei den Verhandlungen, die schließlich zur Zusammenarbeit zwischen Collins Publishers und der Presse-Agentur Nowosti führten.

Mitwirkende Fotografen

Viktor Achlomow *(Iswestija)*
UdSSR/Moskau

Michael Benson
(Freier Fotograf)
USA/New York (vgl. S. 206)

Gary Eisenberg *(Freier Fotogra*
USA/Miami (Florida)
(vgl. S. 102)

Pat Field *(National Geographic*
USA/Washington, D.C.
(vgl. S. 142, 153)

Alexandr Guschtschin
(Sowjetski Sojus)
UdSSR/Moskau

Nikolai Ignatjew
(Freier Fotograf)
UdSSR/Moskau
(vgl. S. 117, 206)

Viktor Kornjuschin
(Patriarchat Moskau der russisch-orthodoxen Kirche)
UdSSR/Moskau

Wladimir Ptscholkin
(Freier Fotograf)
UdSSR/Moskau
(vgl. S. 208/209)

Roman Poderni (TASS)
UdSSR/Moskau
(vgl. S. 216/217)

Iwan Sirota
(Patriarchat Moskau der russisch-orthodoxen Kirche)
UdSSR/Moskau
(vgl. S. 24/25, 116/117)

Michail Romanow
(Patriarchat Moskau der russisch-orthodoxen Kirche)
UdSSR/Moskau

Alexandr und Grigori Tombulidis *(Freie Fotografen)*
UdSSR/Tiflis (Tbilissi, Georgische SSR) (vgl. S. 102)

Alexandr Semljanitschenko
(Sowjetski Sojus)
UdSSR/Moskau

Feste Mitarbeiter

Produktion und Leitung
David Cohen und
Rick Smolan

Mitherausgeber
Ira Shapiro

Geschäftsführerin
Cathy Quealy

Vizedirektorin
Patti Richards

Art Director
Thomas K. Walker
GRAF/x

Verkaufsdirektorin
Carole Bidnick

Collins Publishers, Moskau

Planungsredakteure
D. Gorton
Bill McCabe
Mark Rykoff
Grace Warnecke

Redaktionskoordinator
Torin Boyd

Hauptautor
Jean-Christophe Castelli

Organisationsleiter und Textkoordinator
Lew Stowbunenko

Konferenzleiterin nach dem Einsatz
Dewjani Kamdar

Collins Publishers, Madrid

Reisekoordinatorin
Karen Bakke

Filmkoordinatorin
Jennifer Erwitt

Datenkoordinatorin
Amy Janello

Redakteur
Brennon Jones

Betreuungsteam
Laura Lowenthal
Marie-Claire Rodriguez
Dulin
Juan Galiano Casas
Rusty Conway
Fernando de Miguel
Miriam Hernandez
Milagros Bello

Collins Publishers, New York

Direktor für Finanzen und Verwaltung
Stanford Hays

Verkaufsleiterin
Debbie Donelly

Finanzleiterin
Melanie Miller

Verwaltungsassistentin
Clio McNichols

Buchhalterin
Marian Yates

Forschung

Forschungskoordinator
Mark Rykoff

Forschungsassistentin
Marie Stock

Autor
J. Curtis Sanburn

Wissenschaftliche Berater
Professor Donna Bahry
New York University
Dr. Jack Kollmann
University of California, Berkeley
Professor Nancy S. Kollmann
Stanford University
Tamalyn Miller
Harriman Institute, Columbia University

Textredakteurin
Grace Deutsch

Entwurf und Herstellung

Graphische Assistentin
Beth A. Crowell

Herstellungsleiterin
Stephanie Sherman

Entwurfsassistent
Alan Baseden

Herstellungsassistentinnen
Fiona L'Estrange
Carole Sessler

Landkartengestaltung
Brian Sisco

Bildredaktion

Fotografischer Direktor
Arnold Drapkin
Time Magazine

Bildredakteure
Don Abood
The Picture Group
Anatoli Bogomolow
Presse-Agentur Nowosti
Mark Grosser
Rapho Agency
Kent Kobersteen
National Geographic Magazine
Eliane Laffont
Sygma Photos
Alexej Puschkow
Presse-Agentur Nowosti
Juri Sodiew
Presse-Agentur Nowosti
Dieter Steiner
Stern

Beigeordnete Bildredakteure
Ruth Eichhorn
Burda
Alfonso Gutierrez
A. G. E. Fotostock
Stephanie Maze
Woodfin Camp & Associates

Berater

Verlagswesen
Oscar Dystel

Juristisch
E. Gabriel Perle
Proskauer, Rose, Goetz & Mendelsohn
F. Richard Pappas
Paul, Weiss, Rifkind, Wharton & Garrison

Kaufmännisch
Phillip Moffitt

Berater in Moskau
Felix Rosenthal
Time Magazine
Viktor Chrolenko
Nicholas Louis

Presse-Agentur Nowosti
Walentin Falin
Vorsitzender
Sergej Iwanko
Erster Stellvertretender Vorsitzender
Georgi Fedjaschin
Stellvertretender Vorsitzender
Wladimir Miljutenko
Stellvertretender Vorsitzender
Anatoli Bogomolow
Direktor, Fotoabteilung
Juri Sodiew
Direktor, Abteilung für Öffentlichkeitsarbeit
Konstantin Wertiporog
Stellvertretender Direktor, Abteilung für Öffentlichkeitsarbeit
Juri Karpuchin
Stellvertretender Direktor, Abteilung für Öffentlichkeitsarbeit
Wladimir Werbenko
Stellvertretender Direktor, Fotoabteilung
Boris Wlasow
Chefredakteur, Fotoabteilung
Boris Polchowski
Direktor Sektion West, Abteilung für Öffentlichkeitsarbeit
Valeri Golubzow
Redakteur Sektion West, Abteilung für Öffentlichkeitsarbeit
Anelja Janowitsch
Redakteurin, Fotoabteilung

Verlagshaus Nowosti
Alexej Puschkow
Direktor
Wjatscheslaw Kiktew
Stellvertretender Direktor
Sergej Nikitenko
Direktor, Abteilung für Öffentlichkeitsarbeit
Juri Arsenew
Stellvertretender Leiter der Abteilung für Auslandsmanuskripte
Eugene Sykow
Chefredakteur

Dai Nippon Printing Co., Ltd.
Takeshi Fukunaga
Vizepräsident, New York
Kimio Honda
Projektleiter, New York
Ryo Chigita
Geschäftsführerder Projektleiter, Tokio
Fumiya Chiba
Projektleiter, Tokio
Kosuke Tago
Stellvertretender Projektleiter, Tokio
Kikuo Mori
Nebengeschäftsführer, Tokio
Yuichiro Sato
Stellvertretender Nebengeschäftsführer, Tokio

William Collins Sons & Co., Ltd. (London)
Ian Chapman
Vorsitzender
George Craig
Stellvertretender Vorsitzender
Sonia Land
Gruppenfinanzdirektorin

Vertretungen

Bundesrepublik Deutschland
Marita Kankowski
Focus
Moorweidenstr. 34
2000 Hamburg 13
Tel. (040) 446-3769
Telefax (40) 456804

Frankreich
Annie Boulat
Cosmos
56 Boulevard de la Tour Maubourg
75007 Paris
Tel. (00331) 4705-4429
Telex 203085

Großbritannien
Terry Le Goubin
Colorific!
Gilray House, Gloucester Terrace
W2 London
Tel. (00441) 723-5031
oder 402-9595
Telex 943763

Hongkong
Stock House
310 Yue Yuet Lai Bldg.
43-55 Wyndham Street
Hongkong
Tel. (008525) 220486
oder 224073
Telex 78018

Italien
Grazia Neri
Via Parini, 9
20121 Mailand
Tel. (00392) 650832
oder 650381
Telex 312575

Japan
Bob Kirschenbaum
Pacific Press Service
CPO 2051, Tokio
Tel. (00813) 264-3821
Telex 26206

Kanada
Steve Pigeon
Chris Moseley
Mike Fisher
Masterfile, Stock Photo Agency
415 Young St., Ste. 200
Toronto, M5B 2E7
Tel. (001416) 977-7267
In Vancouver (604) 734-2723
In Montreal (514) 935-7901

Spanien
Alfonso Gutiérrez Escera
A.G.E. Foto Stock
Buenaventura Muñoz, 16, entlo.
08018 Barcelona
Tel. (00343) 300-2552
Telex 51743

Sponsoren und Mitwirkende

Sponsoren
Eastman Kodak Company
Intourist
Nikon, Inc.
Pan American World Airways
Sony Corporation of America

Mitwirkende
Aeroflot
Akademie der Wissenschaften der UdSSR
Apollo Stationery Co., Inc.
Apple Computer Inc.
Atomenergie-Ministerium der UdSSR
Außenhandelsbank der UdSSR
Ausstellung wirtschaftlicher Errungenschaften der UdSSR (VDNKh)
Bolschoi-Theater
Casa Carril, S.A.
Concorde International Travel
Contact Press Images
Carnase, Inc.
Dynamac Computer Products, Inc.
Eisenbahnministerium der UdSSR
Fisher Pen Company
Gamma Press Images, Tokio
Gesundheitsministerium der UdSSR
Gewerkschaftsrat der Stadt Moskau
Gosagroprom (Staatskomitee für landwirtschaftliche Produktion und Industrie)
Gosteleradio (Fernseh- und Rundfunkkomitee der UdSSR)
Horizon Type
Iberia Airlines
Image Photographic Laboratory
Intercongress
Iswestija
Ken Lieberman Laboratories
Komsomolskaja Prawda
Kosmonauten-Ausbildungszentrum Juri Gagarin
Kultusministerium der UdSSR
Life Magazine
Lightspeed
Clyde McWilliams Studio, Inc.
Meschdunarodnaja Hotel, Moskau
MicroStore
Ministerium für Automobilproduktion der UdSSR
Ministerium für Zivilluftfahrt der UdSSR
Mirror Technologies
Modern Age Photography
Moskowskaja Prawda
Moskowskije Nowosti
Mossowjet (Moskauer Stadtrat)
Nachinow-Marineakademie, Leningrad
National Geographic Magazine
Newsweek Magazine
N.Y. Film Works
Oberster Gerichtshof der Sowjetunion
Ogonjok
Patriarchat Moskau der russisch-orthodoxen Kirche
Professional Business Resources, Inc.
Qantas Airways Limited
Schneider/Erdman Laboratory
Sobesednik
Sowjetskaja Kultura
Staatliches Komitee für Kinematografie der UdSSR
Staatliche Verkehrskontrolle der UdSSR (GAI)
Sun Microsystems
SuperMac Technology
Suworow-Militärakademie, Moskau
Sygma Photos
TASS
The Chase Manhattan Bank N.A.
Time Magazine
Tomanskaja-Infanteriedivision, Moskau
US-USSR Trade and Economic Council
Warp Nine Engineering
Wladimir-Gefängnis
Woodfin Camp & Associates
Zentralpalast der Pioniere, Moskau

Freunde und Berater

Irakly Abaschidse
Viktor Achlomow
Tschingis Aitmatow
Marina Albee
Anatoli Alexejew
Felix Alexejew
Wladimir Alexejew
Gennadi Alferenko
Tony Allison
Juan Angel Alonso Alonso
Wyatt Andrews
Dimitri Ardamatski
Sen Arewschetjan
Peter Arnett
Herbert & Dorothy Ascherman
Tamara Aschichmina
Edward Aslanjan
Michail Bachmetjew
Donna Bahry
Andrej Baidak
Elena Baranowa
Joyce Barnathan
Agustin Barrenechea-Arando
Alexej Bataschew
John & Anne Bedford-Lloyd
Kallibek Bekschanow
David Bell
Wladimir Beljaew
Wladimir Beljakow
Alla Beljakowa
Alexej Belekow
Oleg Benjuch
Raymond & Shirley Benson
Amin Berdjew
Gussie Bergerman
Georgie Beschanidse
Andrej Besrutschenko
Britt Blaser
Gene Blumberg
Abe Blumenfeld
Soja Boguslawskaja
Celestine Bohlen
Michail Bolisow
Liz Marie Bond
Irina Borowko
Alexej Borsenko
Erik Boyd
Candes Bregman
Bruce Brizzolara
David Brown
James Brown
Humphrey Bruno
Axel Buchhold
Andrej Budakow
Alexej Budjonny
Jewgeni Bugaenko
Sergej Bykowski
Dan Campi
Antonio Cañete López
Ken Carbone
David Carriere
Martha Casanave
Juan Castro
Batir Challiew
Gai Chanow
Alexandr Charkin
Sergej Chartschenko
Jewgeni Chasanow
Michail Chasanow
N. E. Choroschilow
Judy Ann Christensen
Albert Chu
Jesse & Rhoda Claman
Jim Clancy
Daniel Cohen
Gail Cohen
Norman & Hannah Cohen
Sandy Colton
Vicki Comiskey
Mike Contard
Jack Corn
Robert Cromei
Harriet Crosby
Emilio de la Cruz
Maxine Curry

Jose Maria Cuspinera
Robyn Davidson
Francisco Delgado Francisco
Michail Derewjanko
Natalja Derewjanko
David Dickes
Carmela „Chicky" Dioguardi
Wladimir Dobkin
Anatoli Dobrynin
Sheila & Brennon Donnelly
Mary Donovan
Gene & Gayle Driskell
Natascha Driskell
Juri Dubinin
Dick Duncan
Wladimir Dschanibekow
Mark & Lois Eagleton
Dr. Richard & Mina Eisenberg
Jeff & Susan Epstein
Elliott Erwitt
Gladys Esparza
Barbara Essick
Luis Expósito Poyato
José Luis Fabá Soldevila
Jason Farrow
Swjatoslaw Fedorow
Gerry Feil
Harlan Felt
Terry Ferrante
Adam Frank
Wilbur E. Garret
Bill Giordano
Russell Glick
Dr. Raymond & Bette Goldblum
Joseph Goldin
Tankred Golenpolsky
Walentin Golowko
Andrej Gontscharow
Ma. Victoria Gorbeña
Mark Gorelik
Bill & Mary Agnes Grant
Wladimir Grigorjew
A. Grinevich
Babken Gukassian
Alexandr Gurewitsch
Wolodin Gusejnow
Pjotr Gustyr
Inge Hacker
Lee Harris
Nick Harris
Robert & Ginny Heinlein
Mariano S. Hernández González
Jim Hickman
Will Hooper
Will Hopkins
Richard Horowitz
Stephen Hull
Pashazada Allahshukur Hummatoglu
Frederique Ibon
Isabella Ibragimow
Warwara Iguschenja
Danijl Ijeromonach
Georgi Iljitschew
Anatoli Iljuchow
David Imedaschwili
Vern Iuppa
Viktor Iwanow
James Jackson
Rick Jacobs
Carmen Jaime
Jegor Jakowlew
Juri Jefremow
Alexandr Jemeljanow
Viktor Jerin
Alexandr Jewrejnow
Juan Jiménez
Steve Jobs
Sandra Johnson
Nancy Jones
Nicolas Jones
Janie Joseland
Bill Joy
Viktor Juketschew
Lorraine Kacaba
Dimitri Kalinin
Prabhakar P. Kamdar
Galina Karagodina
Nijasi Karakaschli
Jelena Kaschirina
Valeri Kasjulin
Viktorija Kasparowa
Vazgent Katolikos
Diane Kay
Jay Kennedy
Jorie Kirijama
Ljubow Kisilowa
James Klein
Glenn & Nancy Knowlton
Tanja & Natascha Kolodsej
Anatoli Komrakow
Jelena Konowalowa
Viktor Koretski
Boris Korolew
Vitali Korotitsch
Anatoli Kortschewski
Sergej Koslow
Wladimir Kostigin
Igor Kowalez
Natalja Kowtoun
Enn Kreem
Andrew Kruger
Arkadi Kudrja
Juri Kuidin
Oleg Kulesch
Juri Kupin
Wladimir, Tanja & Jelena Kurbakow
Kaku & Sumiko Kurita
Kol. Anatoli Kurtschin
Anja Kutscharew
Rudolf Kutscherow
Wera Ladonnikowa
Walentin Lasutkin
Johannes Michkel Leas
Martin Levin
James & Lynn Levison
Tanja Lewitskaja
Olivia Lichtenstein
Ken Lieberman
Lightspeed
Alexej Lipowetski
Alexandr Lisjanski
Linda Little
Viktorija Ljudwikowskaja
Esteban Llagostera
Edward & Anne Lloyd
Tom & Susan Lloyd
John Loengard
José Luis López
Richard LoPinto
Ed Lowe
Spuds Mackenzie
Timothy Madden
Abdulla Magomedow
Anatoli Makarow
Evelyn Malave
Pjotr Malinowski
Dimitri Mamotow
Ambassador & Mrs. Jack Matlock
Richard & Lucienne Matthews
Holloway McCandless
Jason McManus
Jack McTaggart
Michael Mears
Elmar Medler
Sergej Merkulow
Evelyn Messinger
Erzbischof Methodius
Vitautas Mikulicius
Ida Mintz
Pam Miracle
Valeri Miroschnitschenko
David Mishur
Wladimir Moltschanow
Igor Monichew
Art Mont
Juan Morales
Dayse Biscaro Moreira
Akio Morita
Sergej Morosow
Valeri Morosow
Ann Moscicki
Bruce Mowery
Rinat Muchamadjew
Karen Mullarkey
Dulce Murphy
Lon Murphy
Tom Nagorski
Michail Nakorjakow
Carmela Naval
Leonid Nedopekin
Igor Nemira
Valeri Nijasmatow
Obeidullah Noorata
Askar Numanow
Aurora Nuñez
Tim O'Meara
Dan O'Shea
Jacqueline Ochs
Geworg Oganesjan
Karlen & Tamara Oganesjan
Susan Oglesby
Kadyrkul Omurkulow
Oleg Orlow
Jim Osborne
Jewgeni Osipow
Nikolai Osipow
Sergej Ostroumow
Ulumgi Otschirow
Bill Pakela
Elizabeth Palladino
Guy Palmer
Eduardo Paramio Roca
Enrique Paredes
Jack & Gertie Parker
Ann Pasque
Igor Pawlow
Jelena Pawlowa
Wladislaw Pawlunin
Viktor Perejko
Alexej Perevoschtschikow
Elizabeth Perle
Edward Perper
Mario Perrone
Wladimir Perwuchin
Valeri Petschennikow
Nancy Pfister
Josif Pikarevitsch
Patriarch Pimen
Boreslaw Pintschuk
Carl Pite
Metropolit Pitirim
Alexandr Plechanow
Sergej Poljakow
Elizabeth Pope
Boris Popow
Nikolai Popow
Germán Porras
Joan Powell
Viktor Prusakow
Cherie Quaintance
Kisana Raiganad
Suzanne Rees
Ed Reingold
Spencer Reiss
Igor Reutenko
Alexandr Rewin
Anatoli Ribakow
Stephen Richards
Maxim Rilski
Wladimir Ritschalin
Rodney Robson
Angel Rodríguez
Nikolai Romanow
Michail Roschtschin
Jim Rosemary
Tery Rosen
Cynthia Rosenberger
David Rudman
Pedro Ruiz
Michkel Saare
Oleg Sacharow
Boris Sadechow
Nola Safro
Valeri Saizew
Marianne Samenko
Olga Sameskina
Kai Sanburn
Fernando Sánchez
Jonathan Sanders
Dugar Sanschjew
Valeri Sapegin
Wladimir Saretski
Gennadi Sawkin
Murray Sayle
Kenny Schaeffer
Hauptmann Sergej Schambotschjan
Wladimir Schatalow
Steve Scheier
Fred Scherrer
Alexandr Scheweljow
Leonid Schkolnik
Alexandr Schljakow
Wjatscheslaw Schtscherbakow
Rasim Schukjurow
Valeri Schumakow
Viktor Schurawljow
Dr. Leonard & Millie Schwartz
Leonard Sclafani
John Scully
Miguel Segovia
Eve Sehested
Juri Semmel
Juri Senjuk
Wladimir Sergejew
Kay Sexton
Kristin Sherlaw
Rimi Shiraishi
Michail Sigow
Alexandr Simtschenko
Wenjamin Sinowjew
Bob Siroka
Marija Sitkina
Dimitri Sjubanow
Richard E. Smith
Rick Smith
Temple Smith
Leslie Smolan
Marvin & Gloria Smolan
Sandy Smolan
Alexej Smolenzew
Alexandr Sokolow
Wenjamin Solejew
Tatjana Solomatina
Joy Solomon
Sergej Solowjow
Mark Johan Soosaar
Irina Sotnikowa
Kim Spencer
Helen Sprowls
Wassili Starowoitow
Jim Stockton
Georgi Stoilik
Admiral Lew Stoljarow
Jocelyn Stoller
John Stossel
Viráj & Daniel Stowbunenko
Joe Strear
Anatoli Stuk
Ralph Subbiondo
Pjotr Subkow
Nadeschda Suchanowa
Konstantin Sucharew
Juri Surchajchanow
Lidija Swobodina
Natascha & Anastasia Sykowa
Asit Talukder
Mark Taplin
Wladimir Tarabaschtschuk
Sowjet Tatambajew
Lewan Tediaschwili
Tamara Tereschtschenko
Leonard Terlitski
Vadim Tetewin
Irina Timochina
Stepan Tjuntenew
Juri Tjurin
Valeri Timonin
Antonio de Toro
Andrej Trofimuk
Andrej Tschernoschtschjok
P.N. Tschuprynow
Dimitri Tultschinski
William Turnley
Wladimir Uljanow
Oleg Uralow
Nabichan Utarbekow
Inessa Valk
Della Van Heyst
Neil Vanderdussen
Carlos Vaquero
Ignacio Vasallo
Félix Vázquez
Aleksandras Vielavicius
Marina Vivier
Ulugbek Wachabow
Michail Wajk
Viktor Warlen
Marina Wasiljewa
Konstantin Wawilow
Jaroslaw & Lois Werner
Av Westin
Eric & Lael Weyenberg
Natalja Willa-Landa
Carole Williams
Dave Winer
Alexandr Winogradow
Matthew Winokur
Nikolai Wischnewski
Wladimir Wlasow
Peter Workman
Alexandr Worobjew
Vitali Woronow
Igor Wosnesenski
Robin Wu
Larry Wyner
Linda Wyner
Jennifer Young
Gennadi Zarkow
Sergej Zelowalnikow
Juri Zerenkow

und besonderen Dank an: Raymond H. DeMoulin von Kodak, Dwayne O. Andreas & James Giffen vom US-USSR Handels- und Wirtschaftsrat und Ed Acker & Jeff Kriendler von Pan Am, ohne die dieses Buch nicht hätte realisiert werden können.

Lew Scherstennikow

Unser Dank gilt all den Privathäusern und Schulen, Fabriken und Kolchosen, Städten und Dörfern der Sowjetunion, die ihre Türen für unsere Fotografen geöffnet haben.

Paul Chesley